一流の学び方

学习变现

如何把知识精准转化成价值

[日]清水久三子 著 罗凌琼 译

民主与建设出版社
·北京·

作者的话

学习者与不学习者的差距不断扩大

如今为何要谈学习方法？

2007年,我将区别于学生的学习方式的商务人士学习法,也就是并非为了获得分数的学习方式,而是能联系到工作、职业生涯、薪酬上的学习法归纳总结到名为《专业人士的学习能力》这本书中。本书是在《专业人士的学习能力》一书内容的基础上,把握十几年来的变化,并修改润色后的成果。

为何如今要再次提及学习方法？

对商务人士来说,学习变得比以往更加重要了。21世纪,学习方法和学习态度将决定商务人士的职业生涯和人生,这绝不是夸张之辞。

我将在前言中详细叙述成人学习法的重要性。在此先简单看一下"学习方法能够决定一个人的职业生涯和人生"的两个理由。

人生百年时代，无法依靠年轻时掌握的技能工作到老

第一个理由是，人生百年时代的到来。2016年出版的《百岁人生：长寿时代的生活和工作》（琳达·格拉顿、安德鲁·斯科特 著）一问世便成为畅销书，在各地引起了巨大反响。书中指出，由于老龄化，60岁按时退休的人生计划将不再可行，并宣扬了活到老学到老的重要性。

同时，商务人士的工作时期越来越长，工作环境的变化速度也越来越快。例如，过去刚毕业的学生进入企业后，一般工作约40年便能退休；但观察日本代表性的企业近年来的没落景象，不难发现如今已没有一家企业能断言自己40年后仍旧存在。

并且，假设企业能得以存续，由于数字技术和人工智能的发展，员工的工作状态可能会发生巨大变化，或是工作本身将会消失。

如今人类的工作时期变长，工作环境的变化周期却在不断缩短，依靠年轻时掌握的技能工作到老逐渐变得不可能。到了40岁或50岁，没有紧跟时代步伐持续学习，就会掉队。

技术革新带来的"学习格差"

另一个理由是学习环境的变化。互联网与智能手机等ICT

（信息及通信技术）的科技发展日新月异，学习环境发生了巨大的变化。在前作《专业人士的学习能力》出版的 2007 年，日本尚不存在像 kindle 这样的电子阅读器。书籍仍是学习的主要工具，过去人们的包里只能放几本书，而今却可以携带几千本书，并随时阅读。

在当时，用视频网站学习商业技能或 MBA 知识也是无法想象的事，但现在乘坐地铁上下班时，能够利用智能手机观看海外一流商学院的课程。

这只不过是诸多现象之一。这 10 年间，商务人士学习知识与技能的环境也有了很大程度的改善。任何人都能以低廉的价格轻松学习知识。

然而，这对所有商务人士来说并不一定是好消息。因为，只有愿意学习的人才能获得这些工具与环境带来的益处。这个时代，学习者能够大幅提高自身知识与技能，同时与不学习者之间的差距也会逐渐扩大。这就是学习的格差。

现代商务人士面临"人生百年时代"与"学习格差"。在学习者能够幸存，不学习者将进一步陷入劣势的当今社会，再次提出"对商务人士而言的学习"，以及如何高质高效学习这样的问题是有意义的。

这就是当前出版本书的理由。

学生时代的学习方法无法学习商业技能

相信各位读者已经能够理解商务人士学习的意义及其重要性了。接下来必须要考虑的是如何学习。

大家应该也曾有过因"想掌握这个知识""想学会这个技能"而读书,或是参加讲座的学习经历吧。

但是,确信"已经彻底掌握知识",进而"能够将其与工作联系起来""能够提高薪资"的人应该并不多。

"想要读懂财务决算报告,开始学习财务报表的相关知识,却失败了。"

"虽然阅读了逻辑思考的书,却还是无法掌握逻辑思考的能力。"

"明明学习了市场营销,却无法在工作中发挥作用,也无法提高薪资。"

像这样,许多商务人士不断重复学到的知识无法用在工作中,或是在学习上遭受挫折这样的经历。换句话说,许多学习要么以失败告终,要么徒劳无功。

原因在于学习方法

这部分内容将在第一章中详细介绍。许多商务人士之所以会失败，是因为他们仍旧在沿用学生时代或资格考试学习等笔试的模式，用牢记知识点的方法学习。这种学习方式叫作"儿童教育"，虽然适合笔试，却不适合将知识与信息转化为自身的一部分，并将其联系到工作成果和薪酬上。

本书要介绍的是与儿童教育完全不同的成人学习，这种学习方法不仅能让商务人士将技能或专业知识转化为自身的一部分，最终还能将其与工作和薪资联系起来。

在最短时间内高效掌握知识与技能

将掌握到的知识与技能提升到可以赚钱的专业水平

本书将给大家介绍成人学习的思考方式和具体方法。

向输入速度是普通人 3 倍的咨询顾问学习

这套方法是根据我多年在外资咨询公司主导培养咨询顾问、专业人才制度的设计、人才开发战略等项目的经验，以及我自身作为领导能力培训等企业内外的讲师，培育了约 3000 名咨询顾问的经验而推导出的。

咨询顾问每天都会接到客户的各类咨询。对于每一个问题，咨询顾问都要在适当的时机提出最合适的解决方法，这样才能获得与专业能力相应的报酬。

实际上，咨询的内容涉及多种领域。行业和业界形式不同，需要解决的问题也各不相同。为应对客户的需求，咨询顾问需要以最快的速度获取基础知识，并提出可以获得与身价相符的最佳的解决方案。

最快输入与最佳输出，身为咨询顾问需要具备的正是这两种能力。为回应客户的需求而输入技能和知识被称为"追补"，咨询顾问追补的速度是普通人的3～6倍，有时需要在1周或10天内完成。

当然，不仅要保证速度，还要保证质量。这是因为无论输入多快，若不能输出让客户满意的成果，就无法再接到工作委托。创造价值才有意义。

像这样，比起普通的商务人士，咨询顾问经常需要进行最快速的输入与有价值的输出。而能够实现这一点的方法，就是本书将要介绍的学习方法。对于需要迅速掌握技能和知识，将这些技能和知识提升至可以赚钱的水平的商务人士来说，咨询顾问的学习方法是可以直接使用的方法。

本书结构

前面讲述了现代商务人士必须掌握学习方法的理由和社会背景。学习需要付出相应的精力和时间，若以浅尝辄止的心态去学习，会遭遇挫折。但阅读并理解本章后，今后的学习态度和决心也将大有改变。

第一章通过比较儿童教育与成人学习，说明商务人士的学习为何会失败。在学习具体技巧前，先从宏观的角度把握成功的学习与失败的学习之间的区别，能够更加顺畅地理解本书介绍的方法。

第二章说明了学习的 4 个阶段——"概念的理解""具体的理解""体系的理解""本质的理解"。要掌握技能与知识并变现，至少要进入第三个阶段"体系的理解"之后。很多人就是因为没有理解这一点，才无法做到知识变现。

第三章介绍最快速度追补的具体学习方法。这是对 4 个阶段中前两个阶段的展开，主要讲解"信息地图"等工具。同时，第四章将介绍追补的主要手段——读书的实践性技巧。

第五章介绍能够变现的训练方法。这是 4 个阶段中后两个阶段的内容，其中，制作图表是迅速学习大量知识的关键。

第六章介绍时间管理等学习小技巧。请将这部分内容作为本书介绍的学习方法的补充知识来阅读。

今后，不主动学习的商务人士将会逐渐被时代淘汰，主动学习的人不仅能赢得工作，还能获得高薪的倾向将越来越显著。

希望能有更多人通过阅读本书，掌握商务人士的学习能力，进而开拓出属于自己的职业生涯与人生道路。

目 录

作者的话 1

　　学习者与不学习者的差距不断扩大　1

　　本书结构　6

前　言　学习方法决定商务人士的人生 15

　　1　《百岁人生》揭示了学习的必要性　17

　　2　科技发展扩大了学习格差　20

　　3　"没时间学习"　23

　　4　学习是点亮人生、规划人生的方法　25

第一章　这样做，学习不失败 1

　　1　学生学习与成人学习的差异　3

　　2　无效学习者的共通点　9

3 结合职业规划，学习就会顺利 12

4 具备金钱意识 20

5 刻意公开，提高学习的成功率 22

6 把握整体后再进入理论部分 27

7 不做专业学生，即便不熟也要输出 30

第二章 学习变为收入的4个阶段 35

1 知识无法变现的两个模式 37

2 阶段一 概念的理解：了解基本知识 40

3 阶段二 具体的理解：拥有实践经验 41

4 阶段三 体系的理解：能作为专业人士胜任 43

5 阶段四 本质的理解：能够传授 45

6 阶段一和阶段二要求速度，阶段三和阶段四要求深度及广度 47

7 阶段零：学习什么？ 51

8 一流人士为何进行通识教育？ 54

第三章 最快速度高效追补 59

1 利用3种工具在最短距离内输入知识 61

2 学习的地图——信息地图 62

3 信息地图的制作方法 66

4 学习的时刻表——学习路线图 72

5 输入的基础是广泛阅读 73

6 积累知识与信息的学习日志 79

7 学习日志的制作方法 80

8 向人请教、偷学的技巧 87

9 输出的最佳时机——学习会、发表会 93

10 积累小实践，蓄积 L&L 97

11 总结概念的理解与具体的理解 101

第四章 1日输入3册的读书术 103

1 书要一次买齐 105

2 搜索阅读可以做到1天读3本书 109

3 推荐同步阅读 112

4 善用便笺，找出关键词 114

5 成人学习法的强大工具——kindle 116

第五章　将技能和知识提升到变现的水平　119

1　能变现与不能变现的人，区别在哪里？　121

2　制作图表，将知识体系化　122

3　图表的制作方法　129

4　使用模板的图表制作方法　131

5　掌握框架思考　142

6　成人学习的目标——本质的理解　143

7　通过因数分解找出本质　147

8　体系的理解与本质的理解会产生学习的杠杆效应　149

第六章　提高学习效率与效果的学习技巧　153

1　用"速战速决"＆"整体思考"来考虑学习计划　155

2　与其每天1小时，不如每天30秒　158

3　随时处于学习环境　160

4　文件和资料全部无纸化　161

5　善用优质视频网站　163

6　找到高质量学习会、研讨会的方法　165

7　直接向专家请教的性价比很高　167

8　公司是最佳学习场所　170

  9　健康生活是学习的基础　173

  10　知识型·技能型的学习关键　174

  11　注意学习的深度　176

后　记　学习带来的快感　179
参考文献　183
图片来源　185

前　言

学习方法决定商务人士的人生

人生百年时代的现实

1 《百岁人生》揭示了学习的必要性

商务人士的人生设计发生了改变

《百岁人生：长寿时代的生活和工作》是讲述人生百年时代的战略性人生设计的畅销书，或许有很多人已经读过这本书。从学习的观点看，《百岁人生》也给了本书非常多的启发。

迄今为止，我们都将单一的生命周期模式作为自己的生活准则。具体来说，这个模型从出生到 20 岁左右是教育阶段，接下来开始工作阶段，直到 60 岁左右退休。

人类平均寿命为 80 岁左右的时期，以这个周期为基准来考虑生活方式并没有问题。但在人类平均寿命将会达到 100 岁的时代，仍旧沿用这个生命周期生活则会变得十分困难。

即便 60 岁退休后，人生也还有 40 年的时间。60 岁以后，别说余生了，如果不考虑一年两熟、一年三熟这样的生存方式，在经济层面也很难度过充实的人生。如果没有理解这一点，便难以将学习转化为自身的实力。

唯有持续学习者方能胜出

如果说直到 20 岁左右是学习公众教育和基础素养的时期，那么 20 多岁进入社会工作后，就是学习工作相关知识的时期。在 20 多岁时吸收各类知识，30 多岁时实践学到的知识并积累经验，到 40 岁或 50 岁时，将这些知识和经验用于管理上——在目前为止的生命周期模式中，这是最普遍的想法。

因此，应该有许多人以为学习要趁年轻。

"比起学习，承担管理责任的 40 岁或 50 岁的人，更加注重成果。到那个年纪再学习，已经太晚了。"

或许很多人会这样想吧？

但是，正如《百岁人生：长寿时代的生活和工作》中提到的那样，当下已是无法沿用过往的生命周期模式的时代。

"学习要趁年轻。上年纪后，运用积累的知识和经验即可。"上个时代的想法，已经无法适用于人生百年时代。今后，无论是 40 岁还是 50 岁，都必须要有持续学习的心理准备。

学习没有终点。如果不经常学习新知识，成功走到退休年龄的概率将越来越小。同时，考虑到退休后的 40 年，如果没有做好持续学习新知识，挑战新事物的准备，生活和人生都有无法存续的危险。

前　言　学习方法决定商务人士的人生　19

商务人士的人生设计发生了改变

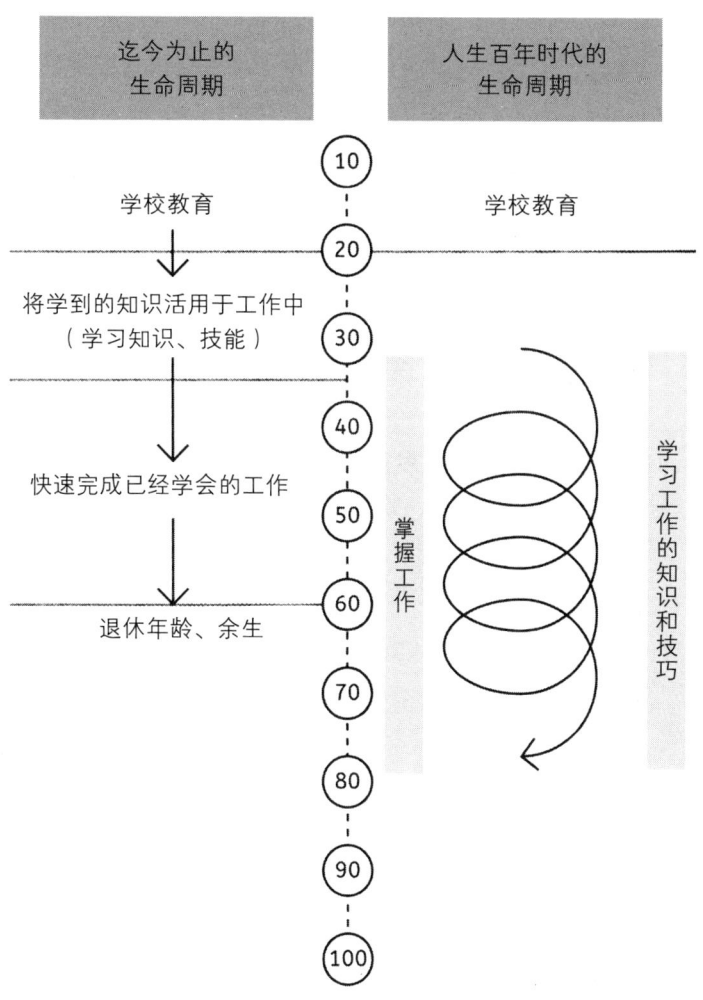

过去，咨询顾问的领域中有将"提前退休"当作口号的时期。在年轻时不遗余力地赚钱，到了40岁后便退休，做自己喜欢的事情，过悠闲自在的生活，我曾经也憧憬过这样的生活方式。

然而，当我观察周围，我发现即便是已经可以退休的成功者，也有很多人仍旧在挑战新领域，不断扩大活跃的范围。

2 科技发展扩大了学习格差

学习方法也随时代一同发展

正如科技每天都在进步，商业环境也瞬息万变一般，学习也并非一成不变。与本书初次问世的十年前相比，当今的学习方法已经发生了巨大的变化。

例如，翻转课堂就是一个好例子。

目前为止的主流教学方法是，学生先上课、听讲，在课堂上获取知识，再通过作业、任务等形式解题，确认是否掌握了知识。

但是，近几年开始在教育实践中导入的翻转课堂的学习过程却完全相反。上课之前，学生通过智能手机或平板电脑观看讲解视频，事先输入知识。随后，在实际的课程中让学生以此为基础展开讨论，或发表自己的见解。这不是单纯地输入知识并巩固记忆,而是进一步培养学生的思考能力。

翻转课堂现在已经纳入了日本的学校教育中,在企业培训中也逐渐成为一种趋势。

学生事先利用空闲时间,在线上学习必要的知识和信息,上课时则深入讨论,深度挖掘内容,制作资料并探寻新的视角等,这样能够进行将学到的知识运用到工作中的实践性学习。

在翻转课堂中,由于知识的输入由学生自主完成,因而能更加有效地利用有限的培训时间。但是,既然有人通过这种新的学习方法受益,也有人无法适应变化,无法获取新知识。今后,这个差距极有可能继续扩大。

无法抛弃既有观念的人

科技发展带来了学习方式的改变。正因为成熟的网络环境、智能手机与平板电脑等个人设备的普及,翻转课堂才得以实现。

如今只要有一台智能手机,随时随地都能学习。不仅限于翻转课堂,视频网站中有许多关于商业技能的收费或免费的课程,学习者可以在任何时间观看。课程质量也非常高。

现在已经是一个非常方便的时代,但讽刺的是,这也造成了新的格差。

参加课程、听老师讲述知识,这种固有的学习方式可以说是被动学习。只要上课,便能身处接受教育的环境。但是,以翻转课堂为代表的新型学习方式，要求学习者必须事先观看视频，输入最基础的知识，主动学习。

从被动学习到主动学习——在企业培训中，那些没有预习的受训者并没有理解这一变化。他们还未摆脱"学习就是听课，只要出席课程便可"的固有观念。

囿于这种固有观念、被动学习的人可能会面临无法有效学习的风险。翻转课堂的学习者在没有预习的阶段就已经落后于他人了。因此，尽管他们参加了课程，由于没有输入知识，可能也无法充分理解内容。

同时，他们也无法积极讨论并深入思考这一阶段，从而导致参加培训也无法掌握实践性技能。

更重要的问题是，他们被优先业务的想法所束缚，并不重视自主学习，最终陷入"因为不学习而无法提高生产性，变得更加忙碌"的恶性循环。

需要更加重视问题意识与目的意识

利用智能手机和平板电脑能够更快速地进入学习环境。只要愿意，在线上能够观看全世界的课程。学习环境的完善与过往已不可同日而语。

但讽刺的是，这种情况却造成了更大的差距。无论环境变得多么好，学习意识低下的人都不会加以利用。

导致这一差距的根源在于意识的差异。也就是说，对于学习对象的问题意识与目的意识变得比以往更加重要了。

对于有学习意愿的人来说,这是一个非常好的时代。而对于不愿主动学习的人来说,这将是一个艰难的时代。若只用上课听讲的方式学习,知识格差和信息格差将会变得愈发严峻。

并且,是否具备目的意识与问题意识也会导致学习效果出现差异。认为只要听讲即可的人,与拥有为自己学习意识的人,二者的理解深度不同,得到启发的机会也有天壤之别。

正因如此,有必要再次确认目的意识:为什么学习?为了实现怎样的自己而学习?

并且,养成主动学习的习惯非常重要。

3 "没时间学习"

商务人士失格

工作无法成为免罪符。

"工作太忙,没有时间学习。"

这是商务人士经常会说的话。

从前,大家会说"太辛苦了。毕竟要专注工作,没办法。"从而不加以追究。"工作太忙"这个借口,仿佛是所有行为的免罪符一般。只要推托忙,就能够不参加培训或是不陪伴家人。

然而，时代已经变了。

例如，采用翻转课堂形式的企业培训中，也有人完全没有做好事先观看视频、阅读资料等准备便来参加。问其原因，说是工作太忙，没时间预习。

的确，十分忙碌的工作间隙还要预习培训的内容非常辛苦。迄今为止，他们都能以"毕竟销售工作很忙，没办法"为由得到谅解。我们作为提供培训的一方，也会考虑到受训者的工作强度，这是事实。

然而，如今是追求工作效率的时代。如果忙到无法预习培训内容的话，反而会被视为无法顺利完成工作的人。

"就是因为效率太低，才要接受培训，重新审视工作方法。但连提前观看视频的时间都挤不出来的话，应该怎样看待自己当前的工作表现？"

如果以忙碌为借口而怠慢预习，就会遭到这样的诘问。

主动在学习上投资

因忙碌而得到认可、被宽容的时代已一去不复返了。

今后，商务人士必须注重学习与生产性的关系，认识到自己是为了获取成果、提高生产性而学习技能和知识。

"不是因为太忙而没时间学习，而是由于不学习才忙。"

现在不学习，今后也会一直被工作追着跑，永远忙碌。这

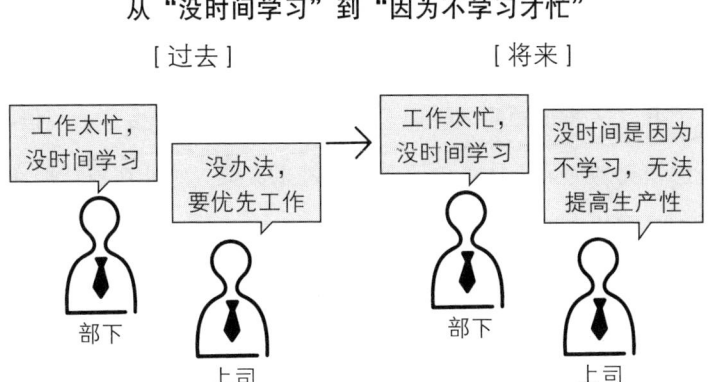

样能够体会到工作带来的充实,并歌颂人生吗?

在学习上的投资也许无法立刻看到回报。但是,只要掌握更加卓越的技能,随后将获得巨大的回报。

不要把忙碌当作借口,开始学习吧。这是对自己的未来的重要投资。

4 学习是点亮人生、规划人生的方法

持续学习、持续工作是痛苦吗?

"必须坚持学习几十年,这个时代真不容易。"

读到这里,也许有读者会这样想。

但是,只要稍微改变一下对学习的观念,这种想法也会

改变。

我从事咨询顾问的时候,有许多前辈已经 70 多岁,却仍旧能够快速地完成工作。他们看上去神采奕奕,绝非在强行振作。反倒是那些早早退休的人,给人感觉有点寂寥,没有干劲。

他们之所以能够一直作为现役咨询顾问工作,是因为至今仍在持续学习。不断学习,吸收新知识、新信息,才能持续在工作中大放异彩。

我自己也看着前辈们的背影,坚定了要进一步学习的决心。

同时我还注意到了一件事情:他们在学习的时候很快乐。他们在得到新知识、新信息,获得全新经验的过程中得到了快乐。

如果认为学习是一件痛苦的事,那么漫长的人生也会变得痛苦。

既然必须要持续学习,快乐学习就至关重要。

即便到了 40 岁或 50 岁,增长新知识,做到以前无法做到的事情,仍然会令人快乐。若将聪明化为喜悦,无论何时都能够成长。

为此,也请大家务必参考本书,掌握巧妙的学习方法。

第一章

这样做，学习不失败

商务人士需要掌握的成人学习法

1　学生学习与成人学习的差异

本书设定的学习范围

本书介绍的是为商务人士设计的学习方法。虽说如此，重点并非在于资格考试或学习外语。当然，书中很多技巧可以用于这类学习，但基本如图所示，本书主要介绍与工作和职业生涯有直接联系的技能、知识的学习方法。

对已经进入社会的读者来说，学生时代已有非常丰富的读书经验，也掌握了当时学校或补习学校教授的学习方法，以及自己独创的自学方法。

但现在大家拿起这本书，应该是发现在学生时代有效的读书方法，无法用于学习商务人士需要获取的知识吧。

这样也是理所当然的，二者虽然同样是学习，性质却截然不同。认识二者之间的差异，便是商务人士学习成功的第一步。

本书的学习方法有效的领域

职业系	
工作和职业规划相关的技巧。例如……	
核心技能	逻辑思考 / 演讲 / 解决问题的能力 / 沟通 / 谈判能力 / 制作资料 / 销售能力 / 其他
管理技能	领导能力 / 项目管理能力 / 指导 / 风险管理 / 其他

知识系	
工作和职业规划相关的知识。例如……	
业务知识	市场 / 财务报表 / 实务知识 / 经营分析 / 人才战略 / 其他
行业知识	汽车行业 /IT 行业 / 食品行业 / 其他

成人学习与儿童教育

学生时期成绩优秀的人，在备受期待中进入公司后，反而无法获得成果，这样的事屡见不鲜。无论在哪个公司都会遇到学生时代的成绩极其优秀，却在培训期半年左右就掉队的人。

他们为什么会遭遇挫折？

解答这个问题的关键就在于"Adult Learning"与"Child Education"这两个术语。翻译过来就是"成人学习"与"儿童教育"。比较二者，便能清楚了解学习的差异。同时也能理解为什么成绩优秀的学生不一定能成为优秀的商务人才。

接下来将从3个角度说明二者的区别。

① 目的与意义

学生的本职工作就是学习。从某种意义上来说，不需要讨论为什么学习这个问题。除非放弃做一名学生，否则不存在不学习的选择。

但是，对商务人士而言，学习不是目的，而是赚钱，以及成为自己想要成为的样子的手段。换句话说，使通过学习掌握的知识与技能在工作和人生上发挥作用才是目的。但其他人和公司都不会帮忙设定这个目的。这个目的必须由本人自己决定。

这就是学生与商务人士之间的重大区别。假如没有必要，商务人士可以选择不学习。如果自己下定决心选择学习，却没有事先设定明确的目的与意义，也无法顺利完成学习。

人总是容易选择安逸，没有彻底下定决心的话，立刻就会倾向于不学习的选择。如果没有认真地询问自己为什么要学习，没有考虑要如何输出学到的知识与技能这一层面，就无法实现知识变现。

我在作为讲师培训时，最初会向学员确认一件事：

> 你今天来做什么？

这是第一句话。首先询问："你为什么来参加这次培训？""你想学到什么？"然后让大家将学习的目的写在纸上，或是在自我介绍的时候说出来。

这时，如果大家都充满干劲，有要彻底学习，掌握所有的知识和技能这种态度，那么就不需要重复确认目的和意义。

但是，如果有很多人表示"上司让我来，我就来了"，那么就需要在这个环节花费大量的时间。不这样做的话，即便用两天或三天时间培训，学员也不会获得任何成果。

即便学员不具备明确的目的和意义，也可以通过大量的学习时间与学习量来弥补这一不足，但商务人士通常十分忙碌。不提高效率与密度，就无法顺利进行成人学习。因此，必须持有扎实可靠的目的和意义。

② 管理与时间

由于成年人已经具备了一定程度的成熟想法，即便是上级领导或总经理的要求，也很难调动其积极性。并且也不是在学校学习，没有人会为自己制订教学计划。

成人学习中，对于学习的时间管理、精力管理都必须由本人独立完成。

学生学习与商务人士学习的区别

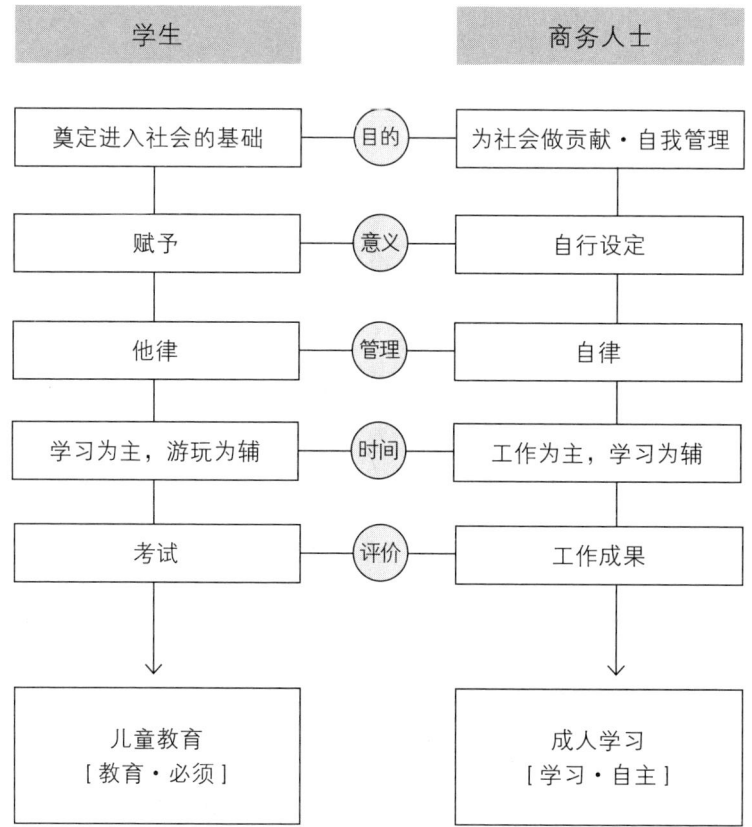

学生		商务人士
奠定进入社会的基础	目的	为社会做贡献·自我管理
赋予	意义	自行设定
他律	管理	自律
学习为主，游玩为辅	时间	工作为主，学习为辅
考试	评价	工作成果
儿童教育 [教育·必须]		成人学习 [学习·自主]

③ 评价

学生时代多以考试结果来对学习作出评价，而对商务人士的学习评价则是工作成果，也就是能否在恰当的时机输出，是否与价值挂钩。

无论学习多少知识、掌握多少技能，如果在关键时刻无法发挥作用，或者本人认为已经发挥作用，但其价值无法得到认可，学习就没有成果。

成人学习的 3 个优点

整理一下掌握成人学习方法的 3 个优点。

① 能作为专业人士赚钱

如今连 Dog Year[①] 这个术语都难以说明现代商业社会的瞬息万变。所有商务人士需要迅速掌握新知识和新技能，并达到能够创造出价值的水准。达到创造出价值的水准非常重要，这是成人学习与儿童教育的区别所在。

通过掌握学习能力，可以高效实现这一目标。

② 获得适应力

一位离开咨询顾问界，从事其他工作的朋友曾说过："我无论到哪里都能立刻适应。这都是在作为咨询顾问的时期锻炼出来的能力。"我自己在 2013 年独立创业，除演讲和写作外，也尝试开展推进多样性管理、注重工作生活平衡等，迎接新的挑战，我完全同意他的说法。

人生百年时代，很难仅仅依靠一份工作、一个职场来规划职业生涯。但只要掌握学习方法，就能获得立即适应新的工作

---

① Dog Year 是 IT 术语，因为狗的成长速度是人类的 7 倍，用于比喻在科技急速发展的 IT 业界，一年的变化相当于过去耗时 7 年的开发。——译者注

或职场，并立刻拿出成果的能力。

③ 成为想要的自己

只要能自如掌握知识和技能，就能按照自己的意愿设计自己的职业生涯乃至人生。可以迎合自己想做的事来学习、挣钱。

我在创业之后挑战了新的领域，每天都在不停地学习，但我并没有牺牲自己的个人生活。目前我每天 17 点结束工作，保证睡眠时间与兴趣时间，收入是在公司上班时期的 2～3 倍。

2 无效学习者的共通点

学习有 4 个阶段

前文提过，成人学习的目的是在工作中创造价值。那么，能够创造价值的水准是指达到怎样的程度？

我认为学习有 4 个阶段：

> 阶段一 概念的理解
> 阶段二 具体的理解
> 阶段三 体系的理解
> 阶段四 本质的理解

能够创造价值的水准是指阶段三与阶段四的程度。

请看第 11 页的图表。我会在第二章详细介绍每个阶段，但由于这是关系到本书整体的重要图表，这里先以棒球为例简单进行说明。

阶段一概念的理解是指达到知道的程度。即知道比赛规则，会投捕、空挥，也了解投球理论和击球理论，但没有参加过比赛。

阶段二具体的理解是达到参加比赛的程度。姑且能够打一般的球赛，但只能在已经学到的范围内应对。可以击中直球，如果遇到从未见过的变化球，便会束手无策。尽管可以出场比赛，但技术怎样、是否能赢还不好说。

概念的理解和具体的理解的阶段，换句话说就是在体育课上学到的水平，即儿童教育能够达到的范围。然而只是这样无法成为职业棒球选手，也就是说无法创造价值。

创造价值要从阶段三体系的理解开始。这是已经掌握基本知识与技能，并且能够以自己的方式加以运用的水准。

作为击球手，能够应对曲球或是指叉球，还能够完成高难度的捕球。而作为投手时，即便面对强力击球员，也具备分散配球，利用三振或是滚球使其出局的实力。到这个阶段，可以说是已经达到能够创造价值的水平了。

到了阶段四本质的理解后，在职业棒球中就是队长或王牌投手的级别。

不仅自己能够打出高水平的比赛，还能创造新的棒球理论或技术；能够指导他人或提出建议；作为队长，能提升整个队伍的实力。到这一阶段，创造出的价值比体系的理解阶段有更大的提升。

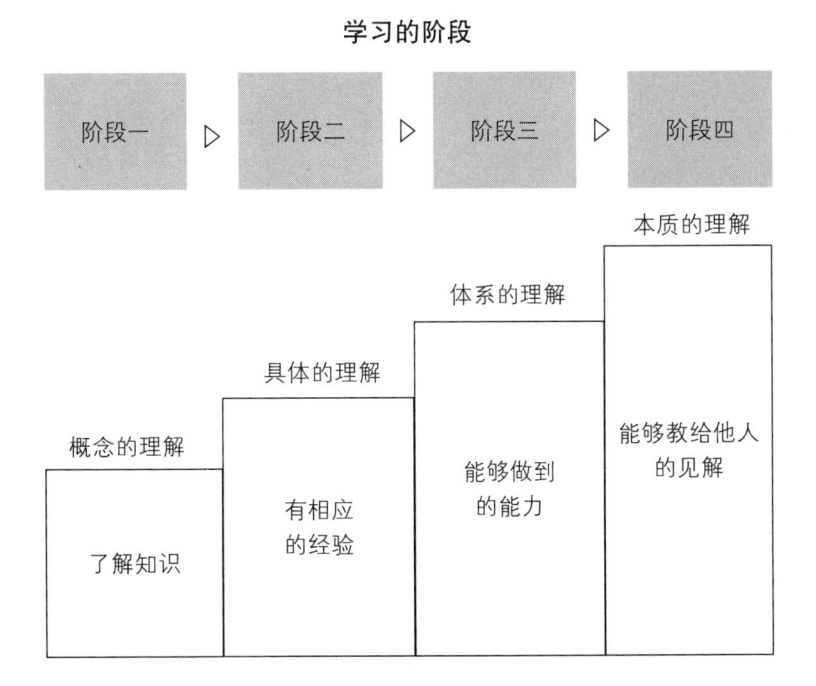

学习的阶段

阶段一 ▷	阶段二 ▷	阶段三 ▷	阶段四
概念的理解	具体的理解	体系的理解	本质的理解
了解知识	有相应的经验	能够做到的能力	能够教给他人的见解

很多人在到达能赚钱的水准前便放弃

我培训时会注意到，许多人明明已经达到了概念的理解、具体的理解的程度，却没有继续学习到更深一步的体系的理解、本质的理解。

其原因在于，"只要学到具体理解这一步，就能够应对大部分情况"，以及"凭借学生时代应试的要领（儿童教育）只能学到具体的理解为止"。

从两个方面来看，这实在是一件非常可惜的事。

第1个理由是，只到具体的理解为止无法创造出价值，作为商务人士难以得到认可。达到这种程度是理所当然的，或者说，其他人也能达到这个水平。因此，尽管学习了新知识，却无法获得认可。

第2个理由是，只要再坚持一下，世界就会改变。其实，4个阶段中最痛苦的是最开始的两个阶段。只要跨越前两个阶段，继续向前冲，就能顺利地到达最后两个阶段。

只要坚持学习，就能够创造出价值，但多数人却满足于前两个阶段，从而放弃学习。这实在过于可惜。

本书的目标是跨越阶段二，前往阶段三和阶段四。

3 结合职业规划，学习就会顺利

没有目标，学习就无法成功

第三章以后将详述具体的学习方法，但在那之前，大家需要先了解一些知识。

那就是学习成功的 5 个秘诀。这并非直接的方法论,而是基本思想,将这些秘诀视为基础并牢记,便能找到适合自己的运用方法。

第 1 个秘诀是将学习与职业规划联系起来。

本书主旨不在于讲述职业规划,但可以断言,如果不深入思考这一点,成人学习就不会成功。

在学习知识前,应该先认真考虑自己的职业规划,重新审视本次学习是否与自身的发展有直接联系。这样做或许会让人感觉是在绕远路,却是成人学习的绝对条件。

例如,财务决算报告与财务报表的阅读方法。这也是商业书籍的经典主题。特别是一到春季,书店中会大量摆放这类书籍,仿佛在暗示大家掌握这个知识是职场人士的常识。想必各位也有购买并阅读这类书的经验吧。

但令人感到奇怪的是,即便如此,仍旧有很多看不懂财务决算报告和财务报表的商务人士。这是为什么?

这是因为他们没有将学习如何阅读财务决算报告和财务报表与自己的职业规划联系到一起。

半数以上的商务人士只是带着不掌握这种程度的知识会很丢脸的想法购买入门书,姑且读一下而已。入门阶段的知识并不难,于是他们便常常在"原来如此,是这样啊"的时候结束学习。

换句话说,在概念的理解的阶段就已经停止学习,没有进入下一个阶段。不仅如此,还有不少人在过了几个月以后,已经彻底忘记通过书本学到的知识,只留下"我好像读过"的记忆。

还有,在学习英语等外语时,也常常听到相同的事。因为有个朋友参加了外语学习的教室;因为一位著名的经营者说过:"英语将成为商务人士的必备技能";因为非常羡慕在电话中能用英语洽谈工作的同事……因为这些契机而开始学习外语固然是好事,但由于没有能够直接将其联系到自己的职业目标,途中便失败了的案例屡见不鲜。

为避免出现这样的结果,在学习前想象自己学成之后的前景非常重要。如果想要学习决算报告和财务报表,只有在心中描绘出自己将来的形象,比如精通会计、成为经营者、成为商业精英等,学习才能够长久地坚持下去。

同样,在学习外语时,只要能够描绘自己的前景,比如成为同声传译的专业人士、在海外分公司大展身手、在整个世界范围内经商等,就能长期努力学习。

假如不是学习单纯的基本素养,而是为了在商务活动中发挥作用、创造价值,首先就要明确为什么学习、想要成为怎样的人,描绘职业蓝图,即"我要做这类工作,成为这样的人"。随后再由此倒推,决定自己必须学习的知识和技能。

从职业规划倒推应该学习什么

虽然本书无法详细介绍如何制订职业规划，但我曾经在 IBM 工作，当时使用的职业规划与学习管理图表也有一定的参考价值，在此稍做介绍（参照第 16 页图表）。

职业规划的出发点在于，在考虑社会价值的同时确定自己将来想成为怎样的人才，也就是设立明确的无期限目标。这是当下选定的终点。想象大约 10 年后的自己并明确目标，比如想成为经营者、成为这个领域的第一人等。

确定目标后，设想近期的未来，设想 3 年后，设立明确的中期目标。为达成 10 年后确定的无期限目标，成为理想中的自己，3 年后成为怎样的人才是最合理的？按照这个顺序追问下去。

这时，应尽可能将目标细化为具体数值，比如依靠 ×× 工作实现年薪 ×× 万、以每年 1 本的速度出版书籍。如此一来，3 年后便能轻松确认是否达成目标。

做到这一步后，接下来就简单了。为实现 3 年后的目标，今年该做些什么？学习目标自然就会浮现。从目标开始分解并提炼出短期行动计划，这样进行规划，便能将职业规划与学习管理直接联系到一起。

我自己在当时定下了成为培养专家的专家这一明确的中期

目标,接着考虑为实现目标需要学习的内容,如必须了解人事制度与人才开发,必须知道教育的种类,如今的趋势是什么,并提炼出具体的行动。以此为基础,我制订了自己的工作计划与学习计划。

像这样,从自己的职业规划倒推并设定应该学习的主题,易于维持学习的热情,也不会在途中动摇。目标随情况变化而改变也没关系,首先从思考自己想成为怎样的人开始才是最重要的事。

职业规划与学习管理

明确的 无期限目标	从社会价值考虑, 将来自己想成为怎样的人才? · 自己在这个组织中能实现其中哪些目标?
明确的 中期目标	为此,三年后应该成为何种人才? · 成为怎样的人?像谁一样?(组织内、组织外)
定量化	以何种形式确认 3 年后的目标是否达成? · 从他人的角度客观来看,完成什么事才算是达成目标?
提炼出 短期行动	为此,这 1 年应该做什么?对组织有何期望? · 工作计划 · 学习计划(培训、自学等)的日程安排 · 请求组织、上级的支持

工作时，总会有不同的工作一个接一个地挤进来。我自己也有许多次因为过于忙碌而无法学习的时期。这时，如果没有职业规划这个核心，极有可能被眼前的工作牵着鼻子走，从而丢失自己真正想做什么的目标。

如果只是迫于眼前的需要，将学习视为对症疗法的话，只要工作或形势稍有变化，就会立即失去干劲。为了避免出现这样的情况，事先考虑职业规划非常重要。

用想象力将工作与职业规划联系起来

如果自己的学习主题与每天从事的工作紧密相关，学习自然能飞速进展。但事情不会如此顺利。这是因为，眼前的工作并非经常与自己将来的职业规划存在紧密联系。

我作为讲师指导他人时，常常有年轻人提出这样的问题：

——如果被分配到自己不想做的工作，应该怎么办？
——被要求去做与自己想学的内容完全无关的工作时，对工作和学习都难以提起干劲。应该怎么办？

例如，自己想成为战略咨询顾问，却被要求去做程序设计。面对这种情况，各位会怎么做？

常见的有以下两种模式。

① 立即考虑跳槽或改行

② 带着不满情绪学习，开展业务，逐渐丧失干劲

首先是①，这是最后的最后手段。因为跳槽后，也不一定能从事符合自己职业规划的工作。

接下来是②，无论是何种工作，只要不情愿，那么这段时间的效率都会变差。商务人士原本就十分忙碌，应当避免出现这样的情况。

那么，当分配到的工作与职业规划（看上去）完全相反的时候，应该怎么办呢？这时，应该思考从事这个工作、学习这个知识在将来会发挥什么作用，赋予其意义。实际上，应该在那份工作中学到知识。

比如前文中提到的案例，"我想成为战略咨询顾问，但现在不懂 IT 便无从谈论经营战略。如今很多人要么是只懂 IT 的人才，要么是不懂 IT 的经营者，我要成为精通两个领域的人才。程序设计是 IT 的基础，我还能以此了解逻辑思考及实际的业务情况。这份工作与我的职业规划是一致的。"

擅长学习的人，也是擅长赋予意义的人。

将星星连成星座

每当我考虑如何兼顾被分配到的工作与自己的职业规划时，

总会想起自己刚进入咨询公司工作时，前辈和我说的话：

> 公司分配给你的工作，几乎都无法与你的职业规划相结合。这是理所当然的。

前辈如此叮嘱，或许是为了表达"尽管被分配到不是自己想做的工作，也不能因此失去干劲"。他进一步说道：

> 夜空中的每颗星星都只是一颗独立的星星。但是，只要将星星连接起来，就能形成星座。职业规划与工作的关系也是一样的。每一份工作看上去都没有任何关联性，但只要巧妙地将它们连接起来，就能勾勒出名为职业规划的星座。

我在年轻时，无论与自己的职业规划有无关系，都努力做好眼前的工作，正是因为前辈的这番话。

读到这番话，也许有读者会想起已故的史蒂夫·乔布斯2005年在斯坦福大学的著名演讲。他在演讲中传达的一个内容就是"连点成线"。他还讲了一个小故事，说自己在开发麦金塔电脑时，突然想起自己在大学退学前偶然在书法课上学到的知识，最终创造了精美的字体与字间距调整功能。我认为，只要彻底掌握当前的工作和学习的主题的本质，将来一定会发挥其作用。

再补充一点，重要的是不带偏见地接受看起来与自己职业规划无关的工作。如此一来，便能挖掘出自己没有察觉的潜在能力，并获得描绘出意想不到的职业生涯的机会。

请大家牢记这一点，不要浪费得到的机会。

4　具备金钱意识

掌握这个知识能赚多少钱？

"学习成功的 5 个诀窍"的第 2 个是要具备金钱意识。这与关注职业规划有些相似，商务人士在学习的时候，应当时刻意识学习与收入的关系。

——掌握这个知识，能从事怎样的工作？
——收入能提升多少？

有这样的问题意识及职业意识绝非粗俗，也不该避免。正相反，如果不具备这种意识，就无法长期坚持学习。

如果学习的是某种修养，则没必要有金钱意识。为了工作而学习和为丰富自己的人生的修养而学习，这二者的性质完全不同。

如果没有明确地找出为了什么而学习，在多数情况下，学习则无法达到能够赚钱的水平，最终仅以获得相关学识告终。

学习时也要有性价比意识

一旦开始意识到金钱和收入，学习热情突然就会变得不一样了。

例如，学习如何阅读财务报表。比起单纯认为"已经进入社会的人需要读懂这些内容"而开始学习，"也许无法立刻在当前的工作中发挥作用，但将来我想在经营企划部工作，这是必不可少的知识"，或是"投资股票增加资产"等，具备这种与金钱或职业生涯相结合的想法，更能够顺利地推进学习。

并且，这样也能下定决心投资学习，"既然能增加这么多的收入，就投资这些吧"。无论买多少本书，都不会觉得昂贵。假设收入能提高500万日元，买20本书也没关系。5万日元的投资便能获得500万日元的回报，没有比学习性价比更高的投资，也并非言过其实。

自费学习

虽然有些偏离主题，但自费是社会人士学习的铁律。

我想起某位精通古董的人曾说过："不花钱就无法精通这个

领域。"古董实在很耗费金钱，有时还会被人欺骗而买到赝品。对此他表示："因为过于懊悔，不想继续被骗，所以我努力学习，磨炼自己辨别真伪的眼光。"学习中也包含"花费上百万购买古董"这样的实践。如果不做到这一点，就无法培养鉴别能力，也无法精通古董。

自费与用他人或公司的钱去购买，这二者的认真程度完全不同。大家也尽量不要在图书馆借书，而是直接购买；参加收费讲座时，不要向公司报销，而是自费参加，不断开展自费学习吧。

5　刻意公开，提高学习的成功率

不应默默练习

第 3 个诀窍是公开学习。

进入社会后，经常会一个人默默学习。如果是有关爱好或修养方面的学习倒不会如此，可若是与工作直接相关的学习主题，似乎不愿被他人得知的心理会十分强烈。

——现在还在学习，等于是在暴露自己的无知。会被身边的人发现自己什么都不懂、什么都不会。

——如果没有学习成果会非常羞愧。

出于这些心理上的原因，可以推断很多人都在默默学习。

其实，我曾经也是其中的一员。

最开始离开服装制造商，到咨询公司工作时，我为自己什么都不懂、什么都不会而感到非常懊恼。

作为有一定工作经验的人，我想获得周围人的认可。其中也有在上一家公司工作多年，具备工作经验的自尊心。因此，我无法放低姿态，绝不会说出"不懂""不会"这样的话。明明我连比自己年轻的新人间普通的对话都听不懂。

我默默学习，偷偷阅读大量书籍，拼命学习。但是，被他人知道自己在学习会很羞愧，于是我包上书皮，绝对不让他人看到书名。虽然我孤军奋斗了一段时间，坚持努力学习，却无法提升学习效率。

学习不需要体面

不久后我的学习方式从偷偷学习转换为不懂就问。这是因为我亲眼看到与我同一时期、同样从其他行业跳槽来的人，他使用与我完全相反的学习方式，并不断获得成果。

那个人和我一样，并不具备大量的咨询行业相关知识，但他认为不懂没关系，只要请教他人就好了。应该说他是伟大的外行，或者说他甚至没有想过问这种问题很羞愧，只要是遇到自己不了解的事情，他都会正大光明地请教他人。

看起来这个人是放下了自尊，但其实他只是十分清楚不懂装懂并不是自尊心强，只是过于看重面子。遇到不懂的事情及时向他人请教，吸收知识才是为自己好。如果现在不问，将来暴露出自己的无知，自尊心会被彻底击碎。

其实周围人并不在乎他人的无知。无论提出多么初级的问题，别人都不会轻视你，反而会因你请教他而感到高兴，欣然告诉你相关知识。转变学习方式后，我从经验中明白了这些事。

与当时的我一样，对很多人而言，承认自己不懂是一件需要勇气的事。要战胜面子、不懂装懂的强烈诱惑非常困难。

尽管如此，也必须打破这层外壳。正所谓"求教是一时之耻，不问乃终身之羞"，忍耐些许羞耻，当场请教自己不懂的地方，将来就不会引发更加令人感到羞愧的事，并且能得到巨大收获。

公开学习能获得 3 种赞赏

通过那位同事的做法我发现，不隐瞒自己的无知，正大光明地学习是一件多么美好的事情。现在，我不仅教导他人公开学习，还会提出这样的建议。

> 学习时，应该宣告周围人。

我建议学员向周围人宣布自己正在学习后，经常能听到这样的感想："原来如此，这是通过宣告周围人达到给自己施加压力的效果啊。"

但其实稍有不同。我考虑的并不是逼迫自己,让自己在精神上感到痛苦,而是通过公开学习实现让学习变得更加轻松、积极的 3 个效果。

这 3 个作用是信息、期待、机会。

首先是信息。向周围的人公布自己正在学习的内容,更易于收集到有帮助的信息。

例如,有人会和你推荐"看这本书",介绍可供参考的书籍;或是告知有帮助的演讲消息;也许还有人更直接,表示"我来教你吧"。一个人偷偷学习是难以获得这些信息的。

然后是期待。能够和周围人共享学习的成果,便于维持学习热情。

学习受挫的原因之一就在于缺乏长久的热情。如果让身边的人知道自己在学习,他们会表示感兴趣,询问你:"进展如何?""提高到什么水平了?"

比起一个人独自学习,与周围人共享学习进展、一起期待学习成果更能保持学习热情,这一点无须赘言。并且,当你快要放弃时,有人在身边为你加油鼓劲,也能重燃斗志。

站在上级的角度思考,看到部下正在主动学习会让上级感到十分值得信赖,也十分期待并愿意帮助部下成长。

最后是机会。可以获得实践学习成果的机会。

假设你正在学习 IT 的相关知识,而公司的网页设计部门刚好需要人才，会如何呢？如果上级或老板了解你的学习情况，也许就会推荐你到这个部门工作。

向周围人宣告自己正在学习，不仅能获得在实践中学习的机会，还有可能获得实现自我的机会。

不惧打击

即便我建议大家公开自己正在学习，也有很多人难以付诸行动。

公开自己正在学习这件事，便是让自己置身于周围的指摘与批评的目光中，很多人害怕遭受打击。

这时需要下定决心。在进行成人学习过程中，无法避免遭受打击。独自一人默默学会的知识和技能，与向所有人公开、历经磨炼而获得的技能和知识相比，后者能更好地胜任工作、提升收入。

反过来，他人无情的批判正是他们认为你前途有望的证据。这是对于学习十分珍贵的反馈。请下定决心接受打击。

归根结底，商务领域中并不存在能够获得满分的结果。并且，商务环境时刻都在变化，哪怕今天获得了满分，明天也可能变成30分。就算自己以为非常完美，周围人也不一定会给出满分。

有时，为了让你成为一流的商务精英，周围人也会故意使用严厉的措辞。面对这种情况，不要回避，而是要心怀感激地接受，以正大光明的态度坚持学习，才能完成高质量的成人学习。

6 把握整体后再进入理论部分

了解前工程与后工程

第 4 个诀窍是，学习应从整体进入分论。

看不到前工程与后工程的工作会让人感到十分痛苦，这点已成定论。

例如，自己属于 B 部门，工作内容是加工 A 部门移交的产品，然后再交给 C 部门。此时，如果事先了解 A 部门与 C 部门的情况，知道这两个部门期待怎样的成果，就能拿出更好的业绩。

然而，若对 A 部门与 C 部门一无所知就进入了 B 部门，业绩则会一落千丈。

这意味着什么？即便是相同的工作，只要没有明确自己应该创造出何种价值，也会降低工作效率。

在学习上，有两个方面与此完全相同。其中之一是职业规划。

"将来想成为怎样的人?"——前工程

"掌握这个知识,能在何种程度上接近自己想象中的未来?"——后工程

是否看到这两个工程,学习热情也会截然不同。倘若学习过程很快乐的话,并没有任何问题,如若不是,就会逐渐失去坚持学习的干劲。

另一个是学习的推进方法。

学习任何知识,都不应随意购买书阅读。这和没有地图却前往沙漠,没有航海图而出发航海一样。虽然不断前进,却不知道终点在哪里,士气只会越来越低迷。

首先应该用1~2天的时间,把握学习的全貌。

有哪些领域?应该关注哪些领域?需要花费多少时间学习?

首先学习什么知识(前工程)?下一步该如何做(后工程)?

只要明确这些问题,即便是建立了长期的学习计划,也能持续前进,不迷失方向。

螺旋式学习

先把握整体再开始学习,能够进行螺旋式学习。

具体来说,应该一边描绘出整体的样子,一边扎实推进学习进程,而非重点突破某一个主题。特别是与当前的工作有直

接关系的知识，一定要采用螺旋式学习的方法。

我们经常会听到"千里之行，始于足下"这句话，但在商务活动中，不可能说："抱歉，虽然到了截止期限，但我才弄懂第一步。"

例如，你在法务部中从事知识产权相关业务。由于没有相关的法律知识，你必须立刻开始学习。

首先你要做的是，先了解与知识产权有关的法律，把握整体结构。应该避免"知识产权就是专利吧，总之先看一下有关专利的书"这种过于简单的想法。

假设你一周后要与商业伙伴会面，届时可能对方会体谅你不具备专利相关的详细知识，但不会包容你不知道知识产权中包含外观设计专利权、商标权、著作权。

特别是有截止期限的学习，在会谈之前必须有一定程度的知识武装，至少能够说出"现在我只了解 A，但 B 应该是这样的"这类话。

总而言之，应该达到"尽管不了解详细内容，但大致理解该领域的整体结构，并能做出一些假设"这样的水平。

先把握整体，再进行螺旋式学习。

对于存在截止期限，并需要当场提供价值的商务人士来说，这是必须遵循的学习铁律。

螺旋式学习与重点突破式学习

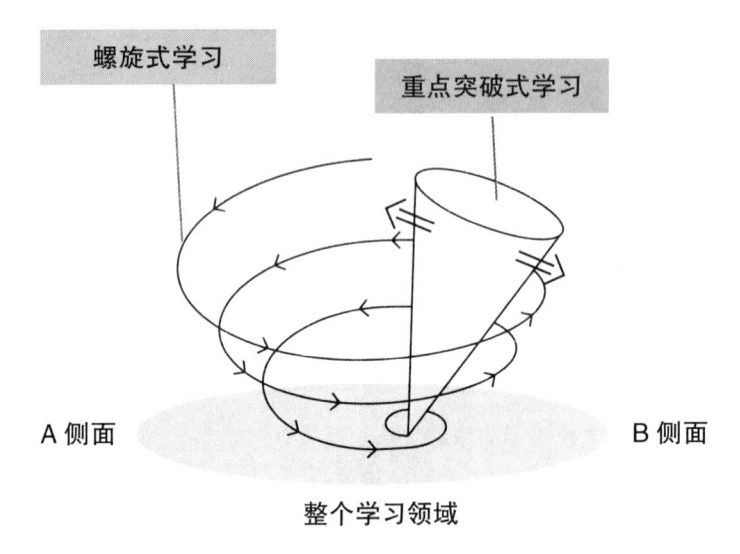

螺旋式学习

重点突破式学习

A 侧面　　　　　　　　　　　　B 侧面

整个学习领域

7　不做专业学生，即便不熟也要输出

学习是手段

"学习成功的 5 个诀窍"的最后一个是输出学习内容。

人生百年时代中，如果不经常学习新技能、新知识，极有可能四处碰壁。具备想要吸收一切知识的意愿才是最强大的武器。因此，有良好的学习态度非常重要。

但可惜的是，有些人虽然竭尽全力学习，却无法将知识化为自身的一部分。

或许大家的身边也有人一直参加各类培训，学习商务技巧，却一直无法在工作中获得成果。

这种人被称为专业学生，意思是仿佛专业的学习者、混迹于各类讲座的人。这种人忘记了自己原本的学习目的，把学习本身当成了目的。

学习自然是为了获得技能与知识，并运用于工作中。只是不断地学习，既不能活用在工作中，也无法将其转化为谋生的手段。

进一步说，有不少机构通过刺激学员的不安与不足之处，让他们以为自己还无法独当一面，必须多加学习，诱导他们不断参加昂贵的讲座。遗憾的是，他人教授的知识，并不能做到掌握这些知识就完美了。只有尽快凭借自身的能力开始实践，才能在学习中有更多的收获。

输出的 3 个益处

商务人士不仅要学习，还要将学到知识与自身工作和薪资相结合，因此，必须有意识地注重将输入的内容输出。

可以在实践中尝试使用学到的知识，也可以说给别人听，也可以提出问题。总之，不应该只是积攒知识。哪怕认为距离可以拿出手的水平还差得远，也要不断输出。这其中有 3 个理由。

第一个理由是，不输出就无法得到好的反馈。

正如前文中提到的那样，只要不断实践学习内容，或是告诉他人，一定会获得相关的建议或评论。

在学生时代，即便你始终默默学习，老师也会提供输出的环境。但作为商务人士，如果不自行输出，宣告自己正在学习，没有人会主动帮忙。

必须自己主动获取反馈是成人学习的特征之一，为此，勤于输出是不可或缺的工作。

第二个理由是，输出的环境关乎持续学习的热情。学到的知识完全没有在工作中使用的机会；没有人听自己讲述，没有人给出反馈；如果一直处于这样的状态，即便是已经做好职业规划的人，也很难保持学习热情。只是一味地学习，既无法受到刺激，也不能了解自己到达何种水平。

学生时代即便不刻意寻找，也有考试这个输出方式，但职场人士不一定有同样的机会。可以说，自己能创造出多少输出的环境，决定了学习的成败。

第三个理由是，为了将来能在适当的时机输出知识与技能，平时就需要训练自己在一定期限内输出。

对职场人士而言，只是能够做到某种技能并无法产生价值，必须要在适当的时机能够做到。

我在资料处理的培训中曾出过这样的题目,"请制作出这样的图表,限时 30 分钟。"然而,许多人都无法在 30 分钟内完成。

培训中无法做到的事,在实际工作中也无法做到。商务活动中不可能说:"我无法在截止期内完成,请延长时间。"赶不上就是办不到,也就等同于没有能力。这时应该多加训练。

并且,为了不在关键时刻错失良机,也必须要进行输出训练。商务活动中,突然遇到提问的情况时有发生,"你对 ×× 有什么看法"?如果永远回答"我还在学习",只能不断错失机会。

有确定期限之时自不待言,作为商务人士,必须训练自己无论何时都能输出学习成果的能力。

第二章

学习变为收入的 4 个阶段

一流人士学什么？怎样学？

1　知识无法变现的两个模式

在概念的理解失败，或是在具体的理解放弃

第一章已经讲过，学习有 4 个阶段。这章会详细解说这 4 个阶段。

在螺旋式学习的部分，我提到"首先把握整体"是学习成功的秘诀，而只要把握并理解这 4 个阶段，便能明白自己需要做什么，为什么失败等实时的情况。

这 4 个阶段是概念的理解、具体的理解、体系的理解、本质的理解。这样看上去似乎有些难以理解，换成其他说法分别是：

    阶段一　概念的理解→知道（知识）
    阶段二　具体的理解→实践（经验）
    阶段三　体系的理解→胜任（能力）
    阶段四　本质的理解→传授（见识）

下面的图表中举例说明了各个技能分别指代何种状态，供大家参考。

各阶段学习所达到的状态

理解水平	阶段一 概念的理解	阶段二 具体的理解	阶段三 体系的理解	阶段四 本质理解
状态	了解	实践	胜任	传授
掌握的技能	知识	经验	能力	见识
技术性能力 （例如：Excel 或编程等）	■阅读书籍并参加培训等，了解软件及其功能 ■在他人的指导下可以进行简单操作	■应用于实际工作中，能独自完成基本操作 ■能在某些固定模式中运用	■能根据不同工作运用复杂功能（函数、宏等） ■能处理故障 ■能教授他人简单的操作方法	■能根据对方的水平进行指导，使其进步 ■能够制作指导手册、从事专职讲师工作
核心能力 （例如：演示能力）	■阅读书籍并参加培训等，了解演示方法	■能以熟悉的方式演示 ■在熟悉的情况下可以获得较好的结果	■能根据情况随机应变，改变演示的模式 ■可以通过观察他人演示汲取其优点	■能指出他人的演示中可以改善的部分，使其进步
核心能力 （例如：领导能力）	■具备理解领导能力这一概念的知识储备，但无法描述出具体行动	■对于某些特定人才及环境，能够发挥领导能力	■能以各种的领导经验为基础，在面对多样化的人才及环境中随机应变发挥领导能力	■公认的领导能力极强的人才 ■基于丰富经验，确立了自身的领导能力理论，并对他人产生影响

（接上表）

理解水平	阶段一 概念的理解	阶段二 具体的理解	阶段三 体系的理解	阶段四 本质理解
业务能力 （例如：咨询顾问业务）	■ 理解咨询顾问的技巧及特定领域的基础业务，能遵从指示完成部分咨询顾问工作	■ 在与自身经历过的项目相似的领域，能够独立开展咨询顾问工作	■ 自身整合了多个项目的经验，能应对复杂的案例 ■ 在该领域的专业能力得到周围人的认可	■ 作为该领域咨询顾问的资深人士而接受他人的咨询 ■ 能基于丰富经验指出关键点，提高项目的品质

回到正题，学习失败的典型模式为在概念的理解阶段失败，或是在具体的理解阶段放弃。前者的状态是在学习中受挫，后者是虽然理解或掌握了知识，但无法在工作中发挥作用。

如前文所述，在具体的理解阶段放弃学习，只能以有过实践的经验而告终。只要稍作努力，进入体系的理解的阶段后，就能达到创造价值、创造财富的水准。

若想达到知识变现的水平，就要认识到这两堵高墙的存在，持续努力，不在中途放弃。

2 阶段一 概念的理解：了解基本知识

从大量书籍信息中理解术语含义

这个阶段是能够理解所学习领域的术语和基础知识的水平。具体活动是以书籍为主，不断收集信息、不断输入知识。与准备考试、临阵磨枪等填鸭式学习有相似之处。

虽然通过向他人求教、请老师教学等方式输入知识也是必要的，但在这个阶段首先要阅读大量的书籍信息构筑知识地基。这是因为，若没有知识地基，便无法有效向他人请教或接受指导。只是表明"我什么都不懂，但还是请您教我"，这样是无法获得优质输入的。

这个阶段的目标是理解需要学习的领域的术语和概念，摆脱在会议或实际工作中听不懂别人在说什么的状态。

顺便一提，虽然这是 4 个阶段中最初始的一步，但也要牢记它是最难熬的过程。在物理和力学的领域，移动物体时在最开始需要花费极大的能量。学习也是如此，最开始需要耗费的精力与时间最多。

不要迷失在大量的信息中

这个阶段需要注意的是不要迷失在大量的信息中。正因为需要大量输入，才更应该在最初就把握整体，有计划地输入，否则会被信息量压倒，立刻遭受挫折。

这时我们需要制作信息地图。这部分内容将在后文详细介绍，首先必须将有什么、应该知道什么填入信息地图中，把握学习领域的全貌。只要事先制作这份地图，就能高效输入知识。

同时，提前制作学习路线图也必不可少。它有助于按照自己的能力范围，在适当的时间点推动学习进展。

第三章将详细介绍信息地图、学习路线图的具体制作及使用方法。

3 阶段二　具体的理解：拥有实践经验

百闻的下一个阶段

具体的理解是从书本之外获得信息，或是尝试实践、身体力行的阶段。只是输入庞大的信息量并无法超越知识渊博的程度。读过100本书与能够胜任专业工作完全不同。正如考取汽车驾照，在结束一定程度的理论学习后，现在已经进入上路教学的阶段。

当然了，虽然说是实践，也并不是要立刻面对客户。这个阶段最重要的是能够制造大量的训练机会。

我在前文中曾提到过，成人学习是自律的学习，无论学习多少内容，如果只是一味地等待，则无法获得展现学习成果的机会。只能靠自己安排。

如果想要学习读懂决算报告，就先独立阅读决算公告，试着分析财务情况，或是用少量资金开始投资股票等。最好是能够在工作中制造这样的机会。

也可以和公司同事组织学习会，由于大家的问题意识相似，学习会上的汇报也许能直接在工作中发挥作用。

无论如何，能够获得多少失败了但不痛苦的经验，是决定具体的理解的成败的分水岭。无论输入怎样的内容，只要没有创造出输出的环境，就会变成毫无用处的技能和知识。

从他人身上学习

这个阶段也是通过观察前辈，发现这样好、这样不好，认识到自己与他人的不同之处并偷师学艺的阶段。

例如，还无法达到概念的理解时，你只能隐约感觉到这个人的领导能力真强；但到了这个阶段，就可以发现他十分擅长注意观察，开口的时机非常绝妙，描绘蓝图时的措辞非常出众等值得学习的要素。

这是站在自身角度思考他人的做法并从中学习的阶段。

4 阶段三 体系的理解：能作为专业人士胜任

创造价值的阶段

对商务人士而言，进入这个阶段才能获得胜任、变现的能力。此时要通过各类方法、各种角度进行无数次实践，不断积累经验。

与具体的理解不同，这个阶段不应该照搬别人的技能，而是需要掌握临机应变的能力，展现出自己的做法与价值。

直到具体的理解（＝实践）阶段为止，都无法谋求与他人的差异化。因为这样只达到了任何人都能够完成的水平。而当学习推进到体系的理解时，才能达到让他人认为"这个工作应该交给他（她）负责"的境界。另外，由于能力在反复实践的过程中会产生累积效应，这也是学习成长幅度最大的一个阶段。

多数人无法推进到体系的理解的原因

尽管这是非常重要的阶段，但仍有很多人无法到达体系的理解的阶段。对商务人士来说，决定学习成败的最大障碍就在于此。

很多学习者费尽心思记住了专业术语，不断试错，便说：我学会了，已经懂了，于是结束学习。他们并非无法达到体系的理解的水平，而是不做。这点实在让人感到可惜。

进入具体的理解的阶段确实能够产生一定程度的满足感。这个时候，可以实践技能，已经理解知识，但若在这里结束，无论此前如何努力地学习，也只能以单纯的经验告终。

这等同于以想赚钱的强大意志开始学习，却在马上能够赚钱的瞬间踩下了刹车。

与概念的理解、具体的理解相比，体系的理解、本质的理解不必耗费精力与时间，只依靠惯性就能推进。虽然需要付出一些努力，但是否付出这些努力，却成了精英与其他人的分界线。

在实践中建立自信

"学得更扎实一些再去实践吧，现在这个水平会碰壁的。"

许多商务人士煞费苦心学习，但在实践阶段仍旧犹豫不决。这样无论经过多久，都无法做到体系的理解。

归根结底，学习永无止境，无法百分百确信"掌握了这些技能和知识就可以胜任"。过去有一种说法是，"有60%的胜算就可以做"，但如今这样也已经太迟。即便只有30%的胜算也应行动起来。

或许有人会说，"只有30%，无法付诸行动"。然而，无论读过多少书、参加过多少讲座，都无法建立自信。在实践中发现"原来是这样"，才能建立真正的自信。

因此，应当尽量减少输入的时间，保持一种输入与输出并存，并维持学习的速度感。请大家牢记技能与知识会不断变得陈旧的事实，尽早将学到的知识与技能活用到自身的工作与职业生涯中，边跑边学才是最重要的事。

5　阶段四　本质的理解：能够传授

以因数分解的形式表达本质

理解本质换句话说就是领悟。这是在自身领域内达到高水平的程度，不仅自己已经掌握，还能教授他人。

这个阶段的定位，与其说是经过体系的理解后达到，更像是不知不觉中就达到了这一水平。阶段三与阶段四并列，是永远持续的过程。

但是，说到理解本质，还需要理解本质是什么，如何判断已经理解了本质这样的标准。

我所认为的本质的理解是指，能够准确说出"所谓○○就是△△"这样总结性的话。汇总从书籍、他人、实践经验中学到的所有知识，最后用一句话表达出"说到底，关键就在于此"。

比起文章，因数分解的形式能够更加清晰地表达。例如，一位著名的商务人士曾说过这样的话：

> 工作成果＝思维方式×热情×能力（京瓷创始人 稻盛和夫）

是否能够用一句话说明，就是判断是否做到本质的理解的大致标准。

自己推导出的本质是否是真正的本质，是否正确是另外一件事。不如说，没有人了解什么是正确的本质。这是因为商务活动中没有绝对正确的答案，因数分解的结果也因人而异。

然则，作为学习的最终成果，利用因数分解推导出本质是非常重要的步骤，这其中有 3 个含义。

第 1 个含义是，想要因数分解，就必须复习学到的知识，因此会进一步加深理解与记忆。

第 2 个是，能提炼学到的知识并传达给他人。自己取得的成果和价值能得到广泛认可。以这一水平为目标，能够进一步打磨成果的本质。

第 3 个是，由于已经建立自身的价值判断标准，当看到较差的案例时，瞬间就能发现其不足之处。工作无法顺利开展时，只要回归本质，立刻能知道存在何种缺陷、如何修改，清楚看到下一步应该采取的行动。

它与阶段三体系的理解的区别正在于此。在体系的理解的阶段，当下属在工作中陷入瓶颈时，你能做的只有代替他完成而已。但如果能达到本质的理解的水平，便能指出"这里存在问题，所以工作无法顺利推进"。

6 阶段一和阶段二要求速度，阶段三和阶段四要求深度及广度

追补要尽可能快

目前介绍的 4 个阶段大致可以分为两个部分——"概念的理解、具体的理解"与"体系的理解、本质的理解"。

"概念的理解、具体的理解"基本是输入的阶段。虽然也需要通过练习或学习会等方式输出，但其目的是得到反馈，而非输出自己的知识与技能。

体系的理解、本质的理解是输出的阶段。当然这个期间也需要持续输入，但不是单纯输入，而是在输出时持续输入，其目的是用输入辅助输出。

基于这个前提，重要的是商务人士学习的基本战略为极力缩短输入时间，并尽量花费大量时间输出。

咨询顾问需要从零开始获取有关自己工作业务或领域的最低限度的知识，达到虽称不上专家，但大致能够了解的状态。这个过程叫作"追补"。

在咨询顾问这个行业，追补基本要在一周至一个月的时间内完成。如果无法做到这一点，很难作为咨询顾问持续创造价值。

本书所介绍的学习系统全景图

学习阶段	行动（做什么）
阶段一 概念的理解	・把握整体 ・输入基本信息
阶段二 具体的理解	・输出并获得反馈 ・借鉴已经掌握技能与知识的人的做法 ・获得实践经验
阶段三 体系的理解	・反复积累经验 ・将学习体系化
阶段四 本质的理解	・推导出本质

行动（具体的措施）

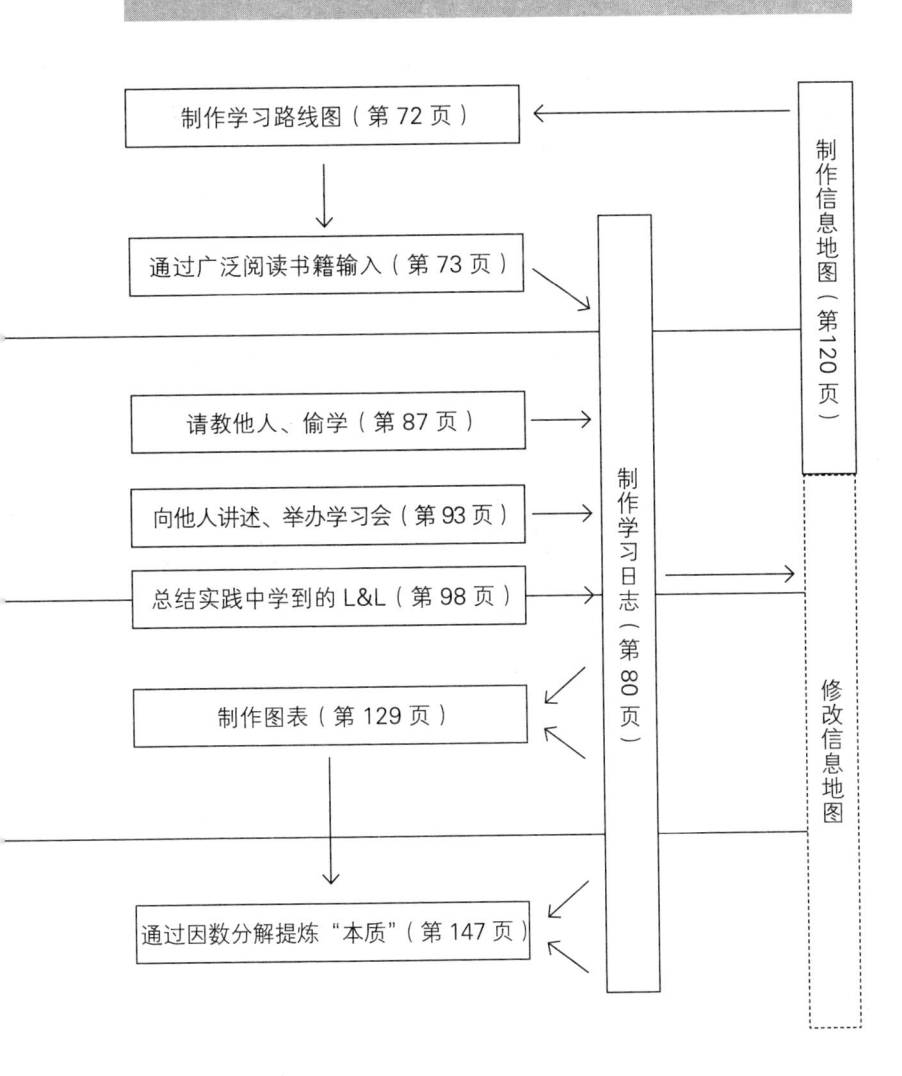

```
制作学习路线图（第72页） ← ─────────┐
         ↓                          │
通过广泛阅读书籍输入（第73页） ──→   │  制
                                    │  作
                                    │  信
请教他人、偷学（第87页） ──→         │  息
                              制    │  地
向他人讲述、举办学习会（第93页）──→ 作  │  图
                              学    │ （第
总结实践中学到的L&L（第98页）──→  习  │ 120
                              日    │  页）
                              志    │
制作图表（第129页） ←────────（第   │ ─
                              80   │  修
         ↓                    页） │  改
通过因数分解提炼"本质"（第147页）←  │  信
                                    │  息
                                    │  地
                                    │  图
```

商务人士的学习的输入与追补相同。如何有效输入并缩短输入的期间，是学习的关键。

技能与知识的形成要更加深入、广泛

输出的阶段，也就是体系的理解、本质的理解的阶段速度并不重要。这两个阶段并没有"到这里就结束"的终点，因此追求速度也没有意义。需要长期，甚至一辈子不断学习。

这个阶段需要重视的是深度和广度。深入挖掘自己获得的知识，拓展多样性。拥有这个视点很重要。

本书所介绍的学习系统全景图

接下来第三章和第四章将针对阶段一、阶段二，第五章针对阶段三、阶段四，介绍推进学习的技巧和工具。

为把握学习的整体，请参考第48页和第49页的图表。大家完全没有必要背诵这张图，但如果不理解在什么阶段、学习什么、学习的目的、怎样学习，成人学习便无法顺利进行。

虽然基本上是从阶段一依序推进，但也存在同时进行或回溯的情况，因此无须过度在意"现在处于什么阶段？""这属于什么阶段？"

学习无法单纯地划分界限，有大致的印象即可。

7 阶段零：学习什么？

错误的学习主题，会让学习失去意义

本章解释了学习的4个阶段，而本书前身《专业人士的学习能力》出版距今已经过十余年时间，在修订版问世之际，我想补充进入4个阶段之前需要具备的思考方式。

那就是学习什么。按学习阶段来说，应该是阶段零。

我认为，与十多年前相比，学习内容变得越来越重要。

对十年前的商务人士而言，在某种意义上学习内容是很明确的。一般来说，学习会计、英语、商务演讲等常规内容不会有错。

但如今变化速度愈加迅猛，科技革新也日新月异，一旦弄错应该学习的内容，花费精力学到的知识就会在不知不觉中过时，或是工作本身被机器所取代。

当下，学习什么成了至关重要的课题。

人工智能时代该学习什么？

根据德勤咨询公司的调查结果显示，英国约有35%的工作岗位被机器人或人工智能取代；比起年薪12万5000英镑的人，年薪不足3万英镑的人被机器抢走工作的概率高了5倍。

同时，英国牛津大学的研究报告指出，今后10年至20年

间，由于 IT 的影响，美国现有的 700 种工作中约有一半将会消失。美国的总就业中其实有 47% 的人处于失去工作的风险中。

并且，《与机器赛跑》（埃里克·布林约尔松、安德鲁·麦卡菲 著）一书指出，这几年来，美国对会计师、注册税务师的需求已经减少了 8 万人。会计师、注册税务师在美国一直属于薪酬较高的资格证。就连如此高水平的资格证，如今也逐渐失去了往日的光环。

日本也有媒体推出名为《十年后什么工作会消失》的特辑，报道由于人工智能的发展和机械化（包含被软件取代），人类的工作被不断代替的现实，因此也有很多人怀有危机感吧。

迄今为止，在经济萧条的时期，失业者也会增加，但如今不同的是，即便经济环境良好，失去工作的人也无法再次回到工作岗位，因为机器和人工智能取代了原来进行裁员的岗位。

并且，没有盈利的部门会被砍掉，而既然砍掉不盈利的部门、创立新的事业，企业便会采用适合新事业的优秀人才，而不会选择在旧部门工作的人。因此，就算经济景气，失业率也不会下降。

迄今为止，失业问题大多发生在以非正规雇佣劳动者为代表的工厂等地方的劳动者身上，而在人工智能时代，白领的失业问题反而更加严重。但是，无法创造价值、没有差异性的白领迟早被迫离场，这一点毋庸置疑。

在白领困难的时代，商务人士应该学习什么？

我无法给出绝对的答案，但想谈一下个人的几点感受。

重复办理同样业务的程序性事务工作是人工智能最擅长的领域，因此训练这类工作的技能无济于事。过去，企业在一定程度上看重更快、更准确地处理程序性事务，但今后在处理这类工作上，人类无法战胜机器的事实已显而易见。

反过来说，对于那些处理办法各不相同、非程序性的工作，人工智能和机器尚无法胜任。整理归纳还未成型的问题、推导出没有前例的答案，如果拥有这种将非程序性内容固化成型的技能，那就是提升自身价值的优势所在。

虽然具体需要掌握哪种技能要视情况而定，但在今后的时代，当你在思考学习什么的时候，在不会被机器取代这一点上，比起掌握有助于从事程序性工作的知识和技能，学习有助于从事非程序性工作的内容，更加有利。

例如，或许大家都认为有资格证书才能安心，但资格证书意味着这类内容相关的知识和程序已经发展成体系，这反而存在会被人工智能取代的风险。当然，并非所有资格都是如此，可在飞速变化的当今社会，慢人一步考取许多人已经持有的资格证书，已不具有太高的价值。因此花费大量时间与金钱考取资格证书之前，需要慎重考虑。

8 一流人士为何进行通识教育？

通识教育是为了获得自由的学问

大家在考虑学习什么的问题时，可以借鉴最近引起多方兴趣的通识教育。

通识教育的定义各有不同，一般认为，它不局限于文科、理科的范围，是自由跨越各个学术领域、掌握广博的知识，并能自如运用不同研究方法的综合性学习。

它原本是从古代希腊市民为了获得自由的学问发展而来，扩大解释的话，我认为这是为了让自己获得自由的学习。

在国家、社会、公司等集团或组织中，大多数人被要求"做这件事"时，都会无条件接受："我知道了"，而这个学习体系则能让你在这种环境中以自己的头脑去思考、判断事物，提出"这样不合适"的反对意见，并开展行动。进一步讲，在我看来，如今能够被人工智能取代的程序性劳动不断增加，而通识教育能够培养自己思考应该做什么的基本能力，从而显露头角。

温故知新

希望大家通过通识教育学习的能力有两个，其一是类推能力。

从古代的战争中提炼出能够运用于当代商业活动的战略，从以往社会的成立过程中抓住如今仍能沿用的沟通交流的本质等，我们能够通过学习通识教育，锻炼这种从毫不相干的领域中找出对自己有用的技能的能力。

例如，思考历史时，通识教育并不只是增加知识体系，而是从那些经过历史筛选、被人们阅读至今的古典作品中，汲取仍未褪色的精华，培养出以自己的方式诠释的能力。

通识教育是才干的标准

还有一个是述说自身故事的能力，即展示自己是哪类人才的能力。

随着全球化的发展，在工作中接触不同国家、不同民族、不同信仰的人的机会也不断增多。为了与习惯及思考方式不同的人建立良好关系，必须先让对方了解自己是怎样的人。

这个时候最重要的是与工作领域完全无关的知识，这样的知识能够成为核心的信念与信条。

例如，国外的高管在晚餐时，大家并不会谈论生意方面的事，而是会谈论文化，以及自己国家的历史等内容，也就是文化修养。

此时，如果无法讲述祖国的历史则会十分羞愧，而无法对古典文学的话题发表自己的见解，才智便会被人怀疑。

当被问到"你喜欢莎士比亚的哪部作品"时，如果你回答

《奥赛罗》，并说出理由，加上自己的解释，对方就能推测出你的趣味和爱好，明白"他是这样的人"，加深彼此的理解。

同时，你有怎样的爱好、感兴趣的事物、相信什么，如果能谈论这些与工作毫无关联，但充满魅力的自身故事，也能加深对方的信赖。

自身的思考方式和信条与对方截然不同也没关系。互相明确认同差异与互相信赖有着紧密的联系，为此，必须掌握在丰富的话题中谈论自身的能力。

不只是与海外人士交往，在一般的商务场合，通识教育的学习方法也能派上用场。

有一位女性咨询顾问在某次贸易中担任项目经理，她认为，为确保项目成功，必须获得客户方一位权威人士的全面支持。因此，必须赢得对方的信任。

于是，她对该人士进行了全面调查，从趣味、爱好乃至经常阅读的书都详细查明。接着，她在发送给对方的邮件中，引用了那本书中的一段话。

这立即就发挥了作用。此前对方的态度一直带着些许警惕，后面却能开诚布公地交谈，项目也推进得十分顺利。这是因为，她在邮件中引用的那段话，让对方产生了能够互相理解的志同道合的感觉。

她之所以能够成功，是因为她拥有通识教育般渊博的知识。

加深信任需要人性的深度。想要打动他人，就必须能说出扣人心弦的言辞，让对方觉得"这个人很优秀"。而如果没有学习广泛的知识，没有养成用自己的大脑思考的习惯，则不会拥有人性的深度，也无法说出打动人心的话语。

若要掌握知识和技能，锁定想要学习的内容，并集中精力学习会更有效率。但为了成功跨越人生百年时代，从长期的角度考虑，除掌握与工作有关的知识外，扩大学习的范围也非常重要。不，哪怕是为了更好地开展工作，也应该尽可能扩大学习的领域。

这看起来似乎是在绕远路，却能够将学习转化为自身的能力。

第三章

最快速度高效追补

迅速吸收基础知识的工具和方法

1 利用3种工具在最短距离内输入知识

学习为何需要速度？

从本章开始将介绍具体的学习技巧和工具的使用方法。本章会先介绍概念的理解、具体的理解这两个追补阶段的学习方法。

追补的要点在于尽量快速与距离最短，理由有两个。

第1个理由是，人类不擅长长期持续做一件事。

人的干劲无法持续很久，最好在仍有干劲时一口气决定胜负。

第2个理由是，在这个飞速变化的时代，如果缓慢地学习，等学完的时候，很可能已经无法发挥作用。

追补的3大工具

为做到切实快速追补，3种工具——信息地图、学习路线图、学习日志十分有效。

粗略来说，信息地图和学习路线图是快速追补工具，学习日志是有效掌握已学知识的工具。

这三种工具不是市场上出售的商品，学习者仅靠一台电脑就能制作。只要有微软的 PowerPoint、Word、Excel 这类软件即可，不需要专业知识，也不需要花钱。

本章将以这三种工具为主，讲解最快速度实现追补的方法。

2 学习的地图——信息地图

首先把握整体学习领域

概念的理解和追补的第一步是制作信息地图。信息地图是在整体上把握接下来将要学习的对象或领域情况的地图。

请看 63 页。这是假定要学习财务报表时制作的信息地图的案例。64 页的图表例是用 PowerPoint 制作而成的，你可以使用 PowerPoint，也可以用 Excel 或是手写。

看过后，大家是否会感到很失望？认为"这不只是书单吗？"

其实，有一些信息地图非常接近书单的形式。这并没有问题。简单地罗列必须阅读的书籍，在这一过程中形成的类别就是信息地图。可以按这种方式理解。

在概念的理解阶段的输入几乎都靠读书来实现。除了这些

第三章 最快速度高效追补 63

财务报表 信息地图

入门读物

讲座 A
讲座 B

簿记考试

会计师 A
簿记论、财务报表论
能力认定考试

5/10
参加

金融基础

运用于投资

讲座 C
讲座 D

在投资股票前阅读的博客

参考书籍的目录，制作类别

稳势、新课题

新增云会计

运用于经营

能够请教的人或讲座信息

5/23
已约

总经理 S

※ 图片来源附于书后

提升资料制作能力 信息地图（用 PowerPoint 制作的案例）

※ 图片来源附于书后

书籍以外，讲座信息及资格考试的信息、有用的杂志信息，或是人脉信息也可以加进去。

人脉信息是指，列出能为自己提供各种知识和信息的人才。

比如 63 页的信息地图，写在"簿记考试"类别中的会计师 A，以及"运用于经营"类别中的总经理 S 便是人脉信息。

"朋友 A 是个会计师，他有簿记的资格证，考证时可以从他那里得到比任何书本都实用的信息。"

"总经理 S 在财务方面很厉害，很多事情想请教他。"

如果你有这样的想法，把他们的名字写上即可。

像这样，让信息地图变得越来越丰富吧。我将在后文详细介绍具体的制作方法。

信息地图是不断变化的

制作出信息地图后并非一劳永逸，还需要时常更新。

刚开始，只有如书单一般的信息地图。后期不断获取新知识，再不断增添内容吧。

同时，这份地图并非必须整理在一张 PPT 上。在不断学习的过程中，一定会出现改变分类方法或是增加内容的需求，无论制作多少张都没问题。当然，也会出现需要针对某一类别制作更加深入的信息地图的情况。

考虑到后期还要更新，建议以电子文件的形式制作信息地图，而非手写。同时，根据情况使用不同的软件效果更佳。

我在内容较少时会使用 PowerPoint，而推断信息量极大时，则会使用 Excel。

掌握，但不网罗

这里需要注意一点。尽管制作了信息地图，但不要有学习全部类别的想法。信息地图是为了得知该领域有何类别而制成的地图，并非必须阅读所有书的阅读清单。这点请不要弄错。

换句话说，信息地图的作用是把握整体并筛选出需要取舍的部分。明知有如此多获得信息的方法却不去做，与不知道而不去做之间有着巨大的差异。

准备考试需要在一定程度上网罗所有内容，比如参加世界史考试，如果不学习整个世界史，则不能称之为万全的应试对策。

可是，成人学习与应对考试不同。一旦试图掌握所有知识，会有为自我满足而沉迷读书的风险。假如最终错失在商务活动中输出知识的机会，则是本末倒置。

成人学习的目的是在短时间内达到能够创造出价值的水准。注意不要忘记这一点，不要把学习本身当成目的。

3　信息地图的制作方法

参考书籍目录分门别类

制作信息地图的第一个步骤是设定类别。学习内容不同，标准也会不同。但是，最基础的方法是参考书籍目录。

技能类可以参考入门书，行业的专业知识则可以参考行业书籍，这些书的目录可以直接作为信息地图的类别。

同时也可以借鉴书店书架的分类。丸善、纪伊国屋书店、八重洲 Book Center、三省堂、有邻堂等大型书店会用多个书架针对同一个学习领域详细分出不同类别，可以实际到书店中看一下。

除此之外，如果要学习公司的业务知识，可以按工作流程，或是以部门为单位来区分。设定类别时，有许多东西可以参考。

接下来，在利用书籍进行分类的基础上说明信息地图的制作方法。

借鉴网络书店的信息制作基础方案

由于信息地图在过后会不断更新，最初不需要制作得十分详细。况且，一开始处于对学习对象一无所知的状态，也不可能制作出完美的信息地图。

因此，重要的是用"暂且这样"的态度制作。这个阶段，可以借鉴亚马逊等网络书店页面上的目录及书评。

打开亚马逊网站，搜索接下来要学习的领域的关键词，便会出现各类书籍。只是这样，就能立刻发现"原来有这类书"。这是第一步。

接着，可以粗略浏览，要尽可能阅读不同种类的书籍目录和书评。阅读目录可以掌握进一步细化的类别。有时页面上没有登出目录，可以在其他网上书店或是出版社网站查找。

然后阅读书评，这样做不仅能知道这本书的评价，还能知道是否适合自己。特别是如"最适合入门者""适合管理岗""适合审视行业整体"等读者评论，在接下来选购书籍时可以作为参考信息。

到这里，大家基本上已经能够制作信息地图的大致类别。

想要更快速地分类的人，可以先找到一本入门书的目录，直接将其作为类别。如此分类可能有些肤浅，但也不会有大幅度的偏差。一开始这样做就足够了。

此外，最近有很多人会在博客上介绍自己读过的书籍。也可以参考这些博客中介绍的书单。如果博主学习的内容与自己相同，也可以阅读他的书评。

当然，认为只依靠网上书店的书评和目录无法放心的人，可以前往实体书店。试着在书店中寻找吸引自己的书，并且购买、阅读一本入门书。如此一来，自己脑中就能形成信息地图的大致想法。

比起手写，更建议用 PowerPoint 的理由

接下来，开始进入实际制作信息地图的阶段。但是，一开始也只是将学习主题分类，并添加符合该类别的书籍信息，这个工作非常简单。

大致基准为，每个类别放入 20～30 本书。按照我的经验，初次学习某个领域的知识时，姑且将相关书籍全部收集起来，大致上是这个数字。

另外，比起手写，我更推荐用 PowerPoint 或 Excel 等软件制作信息地图。

这样做最大的理由是能够在短时间内完成制作。无论花多少时间，制作多么精细的信息地图也无法得到他人的称赞，因

第三章　最快速度高效追补　69

提高人力业务技能 信息地图

入门篇

各类制度

国际人才

生产性・评价

养成

职业开发

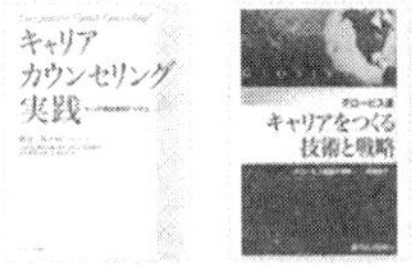

相关杂志（收集案例）

※ 图片来源附于书后

此要重视制作速度。尽可能在短时间内完成制作，尽快开始实际的知识输入。

这时，如果使用 PowerPoint，只需要复制粘贴书籍图片即可，只用几分钟便能完成。

并且，使用 PowerPoint 制作的资料更为直观。不仅看上去美观，还便于直观发现"这个类别的参考书籍太少""这个类别的书籍太多了，区分一下比较好"，等等。

而且，如果给书籍图片添加超级链接，那么只要点击链接就能获得该书的详细信息，或者直接购买书籍。

公开信息地图并提高准确度

使用 PowerPoint 制作还有一个好处，就是方便发送给其他人。

PPT 资料可以用邮件轻松发送，而且画面整洁，不会给他人带来不便，如"字太丑了，看着费劲"或是"纸张皱巴巴的，看不清"，等等。

信息地图自然是为自己制作的，但公开地图也很重要。原因在于，让该领域的前辈或专家看一下地图，请他们指导更合适的分类方式，或是在清单中添加一些推荐书籍，能提高信息地图的准确性。

我在第一章中已经介绍将学习公开化的秘诀，信息地图也是如此。不要难为情，向更多人展现自己的成果吧。这才是高效学习的捷径。

暂时完成信息地图

完成信息地图的基础后，就购买这些书吧。我会在第四章详细介绍具体的购买秘诀和读书技巧，这里先介绍制作信息地图后的流程。

即便已经集齐信息地图基础方案的书籍，也不要立刻开始阅读。首先要浏览所有书籍的目录，再从头到尾迅速翻阅一遍，不要花过多的时间阅读。这时要注意以下两点：

① 是否有需要添加到信息地图中的类别或信息？
② 应该阅读哪个部分？读到什么程度？

整体粗略翻阅一遍，查找是否存在当前的信息地图中明显欠缺的关键词并添加属于①；按自己的想法来决定每本书，"只读第 × 章即可""需要速读一遍"等阅读方式属于②。

学习的目的是在短时期内输入，而非读完所有的书，请牢记这一点。要在这个阶段决定要读什么、怎样读。根据实际情况，决定速读 30 分钟左右也可。将此时决定的阅读方式写在信息地图上吧。

像这样，在一定程度上完成信息地图的骨架后，再添加讲座、杂志、从人脉得来的信息等，不断充实内容。

到这里便暂时完成了。不要花费大量的时间，争取在2～3天内完成这一系列步骤。进入实际阅读书籍等输入环节的时间越早越好。

4　学习的时刻表——学习路线图

有计划地加入输出环节

做好信息地图后，接下来就对照截止日期，即自己想要完成学习的期限，制订学习计划。这个计划表就是学习路线图（参见第74页图）。

如果说信息地图是学习的地图，学习路线图则是学习的时刻表。

但是，大家到目前为止也应该有过无数次制作学习计划表的经验，当时计划中的大部分行动都是输入知识。

学习路线图的最大特征是，在输入时有意识地输出。

·发表到学习日志（学习日志→第82页）
·举办学习会

・在没有生命危险的前提下积累实践经验

像这样，在计划中添加能够运用获得的技能和知识开展行动的安排。

对于输出，学习者总是会感到麻烦而迟迟不付诸实践。而且很多情况下一人无法完成，不得不求助他人，这会让人更加感到惧怕。

正因如此，必须在制作学习路线图的阶段时，在计划中添加输入环节。这样可以获得开展行动的干劲，也能尽早开始影响周围的人。

如第一章"学习成功的 5 个秘诀"最后（第 30 页）提及的那样，对成人学习而言，主动创造输出的环境必不可少。

5　输入的基础是广泛阅读

标准为 20～30 本

制作完信息地图、学习路线图后，终于要以此为基础开始输入知识。输入的方法是从中选择必要的书籍，购买并阅读。也就是广泛阅读。

有一本叫作《杠杆阅读术》（本田直之 著）的畅销书，书籍的腰封上写着"为何广泛阅读更胜于速读"。这也能用于本书

学习路线图案例

财务报表阅读分析　学习路线图（1年版）

1～3月	4～6月	7～9月	10～12月
了解基础	在谈论基础的同时开始实践	通过实践增加L&L	学习总结

■ 参加讲座

输入
- （书单）入门书第2周
- （书单）投资相关第3周

输出（理解深耕）
- 2月 开设学习日志（摘录随时投稿，书评每周一本）
- 6月末 公布财务报表入门书前3名
- 12月末 发表财务报表的学习方法

输出（实践）
- 购买股票
- 参加或成立社团
- 6月 参加簿记检定考试
- 6月 财务入门学习会 用自制的讲义演讲
- 购买股票

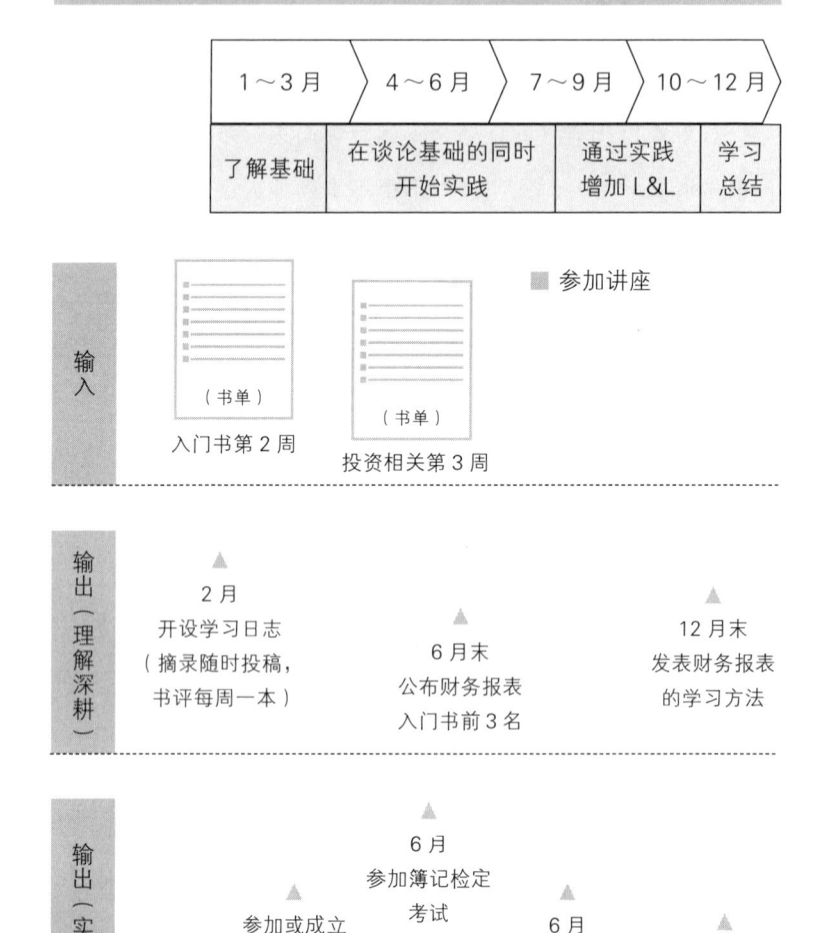

学习路线图中不仅要有输入的日程计划，

财务报表阅读分析　学习路线图（1个月版）

第一周	第二周	第三周	第四周
了解基础	分主题深入学习	通过实践增加 L&L	学习总结

输入

（书单）入门书　（书单）投资相关　（书单）簿记相关

■ 参加讲座
在目前为止的自学的基础上，不断输入他人的实践性知识

在学习日志上发表从书籍、培训、讲座中得到的知识

输出（理解深耕）

开设学习日志　发表书评　发表书评　发表书评　发表书评　公布财务报表入门书前3名　发表购买股票的经历　发表财务报表的学习方法

发表通过购买股票、演讲等实践获得的 L&L（参照第98页）

输出（实践）

购买股票　财务入门学习会用自制的讲义演讲

也要积极加入输出的计划。

的学习方法。在学习中,重要的不是精读严格挑选的书籍,而是不介意主题存在些许重复,大致读懂几十本书的广泛阅读。

那么,广泛阅读为什么如此重要?

作为一个大前提,输入基础知识时数量比质量更重要。

大家听说过绝对投入时间或绝对投入量吗?它指的是达到一定的输入时间或输入数量后才能产生效果。

例如,为掌握一个网球技巧,必须花几个小时反复练习同一个动作,让身体产生肌肉记忆。无论学习什么,这种绝对投入时间、绝对投入量都是必要的。也有统计数据显示,学习英语需要的绝对投入时间是 100 个小时。

那么在读书时,想要通过阅读掌握基础的能力,需要怎样的绝对投入量?有人说过"新书[1]百册、文库[2]百册"这样的话,我认为不需要如此大的阅读量。从我自身的经验来看,20~30 本书是成人学习上需要的标准阅读量。

可以以此为标准,根据自己的知识水平酌情调整数量,如完全未知领域的书籍读 30 本左右,或者对这个领域的相关业务和行业具备一定程度的知识,读 10 本书左右。

理解 4 种见解

阅读如此多的书籍后,就可以鉴别出优秀的信息和无用的

---

[1] 新书是日本特有的出版形式,多数为 B40 尺寸的细长开本。——译者注
[2] 文库是日本特有的出版形式,以 A6 尺寸装订的平装书。——译者注

信息，即优质见解和劣质见解。

广泛阅读的另一个目的是知晓共通见解与不同见解。

共通见解是指所有人都持有共同的看法。例如，如果所有探讨人才培养的书籍中都写着"在培养人才方面，最高层的领导能力不可或缺"，这就是共通见解。

而某一本书提出"批评育人"，另一本书则称"赞赏育人"，每本书的意见都不同，就属于不同见解。

通过广泛阅读，可以分辨优质的信息，并从多个角度获取资讯，避免在输入上产生偏颇。

如果是学生，即儿童教育的情况下，比起阅读许多参考书，反复阅读一本教科书更能在考试中取得好成绩。并且，阅读老师推荐的教科书更有获取高分的希望。

但是，商业中没有绝对的正确答案，也没有"只要读这本即可"的教科书。对于许多人给出的许多意见，必须自己做出判断、有选择性地吸收。这就是成人学习。

分类批量购买书籍

买书时，我会一口气买下几十本。因为去书店很麻烦，而且，我想趁还没经过太久时间、充满干劲时便做好前期投资。不过理由不止这些。

一个理由是为了实现同步阅读。我习惯同时阅读几本书籍，因此会提前准备好一定数量的书。我会在第112页详细说明同步阅读。

还有一个理由是，同时阅读许多本书的话，即便读一本书遇到了不懂的地方，也可以在其他书上寻找答案。

"这是什么意思？"

"我想知道更详细的内容。"

"这一部分想读简单易懂的解说。"

像这样，当遇到一些小疑问时，如果无法立刻找到答案，便会浪费大量的时间。读完这本书后，下次买那本书的做法会反复导致这种情况发生，结果降低了输入速度。

为避免学习中出现漏洞，总之先大致确保有10～20本的数量。

这也意味着要以大量购买整个类别的方法来购买书籍。

此外，关于应该如何阅读购买的书籍，有一种叫作搜索阅读的方法，它是在速读的基础上，在便笺上写下自己关注、有用的部分，并收集到学习日志（参看第82页图表）中。

我会在第四章中统一介绍阅读书籍的详细方法。

6　积累知识与信息的学习日志

用博客制作学习日志

提到学习，肯定会出现"如何做笔记"的话题。这是因为，当前仍有不少人使用笔记本整理并分析在书中获得的知识吧。

但是，现在有一个比笔记更加方便的工具，那就是博客。

本书提倡使用博客制作学习的数据库，即学习日志。其目的与笔记相同，用于积累、整理获得的知识和信息，但博客拥有许多独特的优势。

最大的优势是方便检索。博客可以通过关键词、主题、日期等快速查找内容，在重视速度的成人学习中能发挥绝大的作用。同时，它还能随时更新内容。即使是免费博客，只要没有上传过多图片，就不会遇到容量不足的问题，可以在一个博客中放入各类的信息。

并且，能够连接互联网也是一大优势。可以在博文中添加链接，或是向第三者公开并交换信息。

这里先梳理一下学习的流程。首先，参考书评和入门书的目录制作信息地图；同时在考虑何时需要输出的基础上制作学习路线图；随后，用搜索阅读的方式阅读书籍和杂志，不断摘出关键词并写在便笺上；以上是对目前为止的内容的回顾。

下一个步骤是，当累积一定量的关键词之后，便将它们转化为学习日志的内容。除书籍中的信息外，还有在工作中实践后得到的心得、其他人教授的知识，这些都要不断积累在学习日志中。后文将介绍的"图表"和"本质"也应放入其中。

可以说，学习日志的数量，能够代表概念的理解、具体的理解的成果。大家可以在积累过程中将知识输入脑中，或是在必要时搜索内容，还能在工作疲惫时快速浏览。

7 学习日志的制作方法

学习日志也是输出平台

只是广泛阅读书籍，并摘出关键词并写在便笺上，便能掌握一定程度的知识。

但是，如果将它们融入博客文章，在这个过程便是输出，记忆会更加牢固。

从开始学习或阅读的当天，或是经过一段时间，积累了一定量的关键词之后，就使用博客输出吧。

请大家先看一下案例。

副标题表明决心

主标题和副标题写上自己认为合适的内容即可。

"托业 900 分之路"
"创业者的轨迹"

写什么都可以。

副标题也可以自由发挥，不过，如果博客是对外公开的话，使用表明决心的副标题效果更好。只要向周围的人宣布此事，动机自然便会加强。

—— 目标是 ××
—— 三个月成为 ××

参考信息地图作出分类

那么接下来看博客内容的设置。

首先，可以自由设置内容的分类，但一开始使用与信息地图相同的类别会更简单。先有一个整体的概要，接着列出各个主题。

例如，在"经营"这个大范围中，可以详细分出"经营计划""R&D""人事"，随后在人事领域还能再分出"评估""培

学习日志

Title:
人事领域专家之路
Description:
为精通人事领域而开设的学习博客。

标签云
BOOK Seminar 对话

分类
人才管理全面・概要 (1)
人才经营 (1)
成果主义（支持）(0)
成果主义（反对）(0)
评估制度 (0)
培训制度 (0)
薪酬制度 (0)
任用制度 (0)
专业人才管理 (0)
全球人才管理 (0)
职业生涯管理 (0)
动机管理 (0)
组织管理 (1)
学习型组织 (1)

最近的文章
(03/30) 引导出员工的最佳能力 企业文化诊断
(01/03) 反馈 学习组织的"5个能力"
(06/23) 设计沟通——与S社长对话的启发
(04/23) 动机管理——创造最强组织、战略性提升"干劲"的方法
(04/01) MBA人才管理

搜索栏
[　　　　] 搜索
● 网页 ○ 文章

<<2017年03月>>
日	一	二	三	四	五	六
			1	2	3	4
5	6	7	8	9	10	11
12	13	14	15	16	17	18
19	20	21	22	23	24	25
26	27	28	29	30	31	

最近的评论

过去的记录
2017年03月 (1)
2017年01月 (1)
2016年06月 (1)
2015年04月 (1)

2017年03月30日

引导出员工的最佳能力 企业文化诊断

野村综研的讲座。

尽管企业所处环境相同，仍有成功的企业和停滞衰退的企业，深究个中差异，可以看到两种企业对外部环境的认识，以及处理该环境的组织内部情况存在巨大差别。将这种意识和行为模式整理成数据，从管理的角度在可控制的因素中提取出与企业业绩存在高相关性的因素，并将其作为持续性发展的基础因素体系化之后的产物，就是企业文化。

从诊断方法来看，与本公司的区别不大。

<今后的学习方针>
收集组织管理的制度并进行比较研究。

http"//www.nri-dna.com/index.html?04$gcild=CNXmrs_a-lwCFRooTAod014jGO

标签：Seminar

posted by Kumiko at 22:00|Comment(0)TrackBack(1)| 组织管理

2017年01月03日

引导出员工的最佳能力 企业文化诊断

书中网罗了所有关于学习型组织的内容，但学术性的内容过多，难以直接用于输出。若要应用，必须转化为基于实际工作得来的说法。

<参考图表>
五项修炼→已掌握！

<今后的学习>
从五项修炼思考现实对策。

posted by Kumiko at 21:00|Comment(0)TrackBack(1)| 学习型组织

2016 年 06 年 23 日
设计沟通——与 S 社长对话的启发

"目标管理制度是一种让上司与部下沟通交流的组织设计,不是为了在待遇上达成共识。"

的确,如果在设定目标时没有开诚布公,在那之后的工作中,思考方式与推进方式总是会出现龃龉吧。必须在目标管理工作中制造更多能够深化交流的"设计"。

标签:对话

posted by Kumiko at 10:44 | Comment(0)TrackBack(1)| 人才经营

2015 年 04 月 23 日
动机管理——创造最强组织、战略性提升"干劲"的方法

本书作者历任瑞可利人事部长、Link and Motivation 社长,讲述了有别于金钱与地位的新时代动机根源。说到瑞可利,社会上通常谈论它特殊的人才管理形式,但其本质中仍有可以学习的要素。作者还以独特的命名法解说了提升动机的方法,关键在于如何将其纳入制度设计中。

< 参考:动机管理实践 >
目标设定效应、阶梯效应、连锁效应、招募效应、唯一效应、聚光灯效应、学识效应

< 今后的学习方针 >
学习指导的概要。同时也将培育领导·管理岗纳入视野。

标签:Book

posted by Kumiko at 10:44 | Comment(0)TrackBack(1) | 动机管理

2015 年 04 月 01 日
MBA 人才管理

作为入门书来说很好,能够把握人事制度、评估制度、薪酬制度的全貌。但日美两国人才管理的差距太大,相较于其他系列,本书整体缺乏统一感。

这就是学习日志。

训""薪酬""聘用"。如果不只停留在细分，而是横向扩展出"全球人才""职业生涯""动机"等派生类别，就会成为更有吸引力的学习日志的分类。

同时，与信息地图的类别相同，学习日志的类别也应该根据情况的变化而不断更新。各个类别右侧的数字代表写下文章的篇数，自己在哪个分类上学习较多，哪个分类较为薄弱，只要看数字便能够一目了然，非常方便。

如果某个特定类别的文章数量不断增多，可以按需要将它再次细分，以便于将来查找。

例如，在"投资胜利法"这一个类别内就有超过100篇的文章，可以将其细分为"投资理论""投资判断的秘诀""投资心理"等。请根据自己的学习目的，自行调整成更便捷的形式。

写下3项内容

决定分类后，接下来就是随时在博客中写下合适的内容，主要是"关键词""自己的所见所闻""书评"三项。

① 关键词

大量阅读书籍后，就能积累许多写着关键词的黄色便笺（参见第114页图）。将这些关键词整合到一起，自己添加标题写入博客。

例如，在阅读动机管理的书后，发现了想要记住的关键词，并写在了便利贴上，那就给它加上"动机管理的效果"的标题上传至博客。

由于博客可以快速搜索到这些内容，之后可以只提取相关部分来阅读，这样学习效果极佳。此外，若在内容中增加"我自己实践过了，结果是这样的"，收获会更大。

② 除书籍信息外，自己的所见所闻和实际经历

从书籍或杂志上得来的信息，从他人口中听到的观点、在讲座上学到的知识，或是自己在现场实践后得到的经验法则等，全都写进去吧。

③ 书评

我每次用搜索阅读的方式读书时，都会写三行书评，并将其作为学习日志的内容上传到博客。

如字面含义所显示的，三行书评只有三行左右，是非常简单的书评。只简短介绍这本书是谁写的、写了什么而已。

在广泛阅读的过程中，自己也会逐渐忘记读过的书的内容，这时，简短的书评就能成为自己的读书数据库。

同时，作为勾起学习热情的一环，每半年或几个月可以写一篇诸如"我最推荐的3本书""推荐给初学者的3本最佳入门书"这样的文章。这是我从一位学习鉴赏葡萄酒的人身上学到的方法。

他不断在博客中写下自己喝过的葡萄酒，以每隔 1 个月或 1 年一次的频率公布"今年的前 3 名""红酒前 3 名"等排名。这样一来就会产生目的意识，"既然要公布前 3 名，不能只喝波尔多，也要喝勃艮第。"从而避免了漫无目的地随意喝酒。

早期阶段应专注充实内容

学习日志没有"能够写出这种程度的内容就算抵达终点"这样的说法，应根据需要不断写下去。不仅是概念的理解、具体的理解这两个追补的阶段，之后的体系的理解、本质的理解阶段也要继续记录，否则便失去意义了。

并且，早期阶段为了增加动力，应该有意识地增加内容。这样会让人更有干劲，并且就学习曲线（参见第 156 页）而言，最开始的阶段保持高密度更好。

当内容积累到一定程度，后半阶段便可以在自己方便的时间再上传文章。如果处于基本学完，已经在工作中发挥作用的阶段，则只需在日常工作中有觉察、读报纸时有感悟的时候写就行了。

倘若已到达那个阶段，可以考虑再开设一个新的博客。一开始就开设两个或三个博客比较困难，但在一定程度步入正轨后，增加输出的文章量也不会感到痛苦。

8　向人请教、偷学的技巧

求教时应心怀谦卑，志存高远

如果只记录从书上获得的知识，学习日志只会变成大规模书评。别人教授的知识、自己在实践中的心得，都要不断写进日志中。为了让学习日志的内容更加丰富，现在我给大家介绍巧妙地请教他人的方法。

向他人请教看似简单，实际上却很难。很多人羞于开口提问，总会想，"不会麻烦别人吗""连这种事都不知道，不会被瞧不起吗"。

但作为一名商务人士，无论学习什么，从来没有不向他人提问，依靠自学便能成功的先例。尽早收集现场的意见、倾听前辈们的意见，才能切实缩短通往成功的进程，并获得更大的成果。

不要有"提出问题很丢人"的想法，彻底丢掉这种没有意义的自尊心，树立起在最短时间内吸收高质知识的高远志向。要做好这样的心理建设。

设问，而非询问

只要提问方式巧妙，对方也会乐于告诉提问者无论读了多少本书或杂志都无法得知的信息。不过,想要提出好问题,也需要掌握一些秘诀。

我长期担任讲师,迄今为止也收到了许多进修生的提问。从以往的经验来看,我切身体会到提问也分高下,准确来说,可以分为有用的提问和浪费时间的提问。

高明的提问方式,是明确自己想要知道什么、以什么为目标之后再提出问题。当被人反问"你为什么想知道这个"的时候,提问者必须立即回答。

"因为我想成为这样的人,想要掌握这样的技能,所以问这个问题。"

"我认为这样做更好,但老师为什么选择了那个方法?"

像这样,先提出一个假说,再听别人的回答时,能大幅提升吸收程度。其中,我也遇到过引人深思、让我也从中有所学习的问题。

另一方面,拙劣的提问是,当提问者被问道:"你为什么想知道这个"的时候,只能回答"没什么特别的理由"。提问者自身完全没有思考,总之先问了再说。对于这样的问题,就算我绞尽脑汁回答了,对方也只能获得一些不明确的信息,因此毫无回答的价值。

尽管不耻下问非常重要，却不能像小学生一样提出"××是什么"如此简单的问题。而是，"关于××我是这样想的，于是我遇到了这样一个新问题。这点您是怎么看的"？提问是设问而并非询问。因此，提问者只能事先通过阅读书籍等方式筑起一定程度的知识地基，在此基础上提出自己的假说。

此外，提问的技巧也会在实践中不断提高。一开始也许会感到羞愧，但随着经验的增加，提问者也会逐渐明白，自己该如何提问求教才能更有效地吸收知识与技能。

非偷学而不可得的技能

就成人学习而言，不仅是提出问题并纳入自己的学习中，多看、多听，不断偷学他人的知识与技能也非常重要。如果没有主动做到这一点，便很难独当一面。

最初只是模仿他人即可，尽可能地学习他人的优点吧。我们的口号是"心怀谦卑、志存高远"。

我自己也在仔细观察先辈的过程中，偷学了很多知识。比如做演示的技巧、巧妙把握停顿时机的方法、开头导入部分的讲法、接续词的使用方法等，我会详细观察这些地方并参考借鉴。

并且，若要偷学管理技能，离自己最近的范本就是上司了，从上司身上学习做得好的地方可谓理所当然。如果觉得得到这样的反馈感觉很好，就试着学习他的说话方式。

有时能获得别人分析过的财务报表，上面仍保留着画线和圈点的痕迹，可以清楚看出精通此道之人的关注点，等等。

特别是这种技能，当你询问对方怎么做才能更加顺利时，经常无法得到满意的答案。这并非对方有意藏私，而是由于他们大多数情况下是无意识中做到的，因此无法传授，唯有偷学。

稍微改变一下话题，据说代表日本的企业家之一大前研一先生在刚进入麦肯锡公司时，看过全世界数据库中所有项目的成果。他的想法是自己能够参与的项目只有一小部分，如果不能在事后体验他人做过的项目，就无法扩展知识和技能的范围。

有时间的话，应该多观察他人的工作情况并偷师学艺。只是这样便可成为精英，可惜的是很多人很难做到这一点。

因数分解后再偷学

决定向某个人偷师学艺后，首先需要通过因数分解明确自己被他身上的什么地方所吸引。这样更能明白自己应该学习的主题。

例如，你想要成为像松冈修造那样的人。那么，请不要盲目学习，而是应该先将松冈修造先生的技能进行因数分解。

   开朗的性格
   正式场合中的注意力

永不满足的上进心

像这样因数分解后,就能清晰地了解自己想要掌握的知识和技能,节省学习不必要的事物的时间。

另外,因数分解后,有时也会发现无法直接全盘运用榜样的做法的情况。这是因为,榜样可以顺利使用的方法,并不一定适合所有人。

例如,有一位名叫 A 的人在培养部下方面得到了一致好评,为了学习 A 的指导技能,对其进行因数分解后,发现秘诀在于严厉的教导。可是,这并不意味着每个人只要严厉教导,部下

因数分解他人的技能并学习

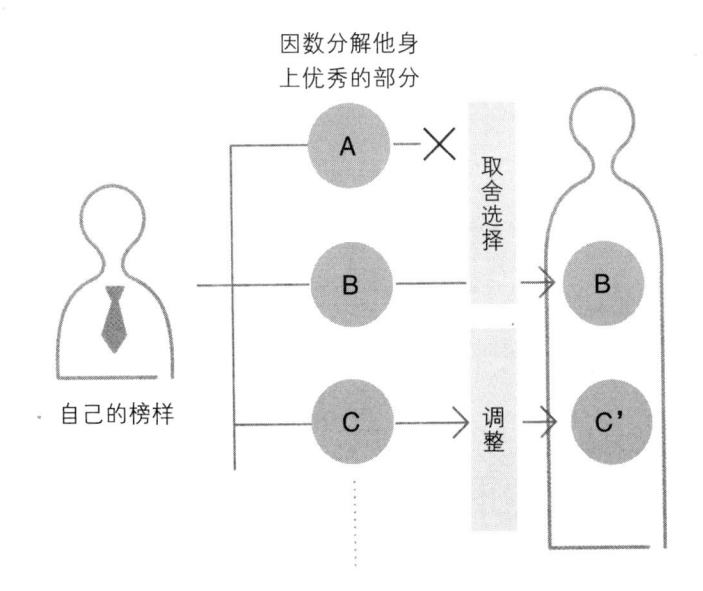

因数分解他身
上优秀的部分

自己的榜样 → A ×
取舍选择
→ B → B
调整
→ C → C'

就会心甘情愿地跟随。有人擅长严厉对待部下,有人不擅长,还有人本身的性格就不适合严厉对待他人。

如果无视这些情况,坚持认为榜样的技能最好而囫囵吞枣,最终只会变成单纯的东施效颦。给人施加强烈的压迫,反而可能会导致自己的工作表现变差。

向顺利使用这一方法的人学习时,就需要根据自己的情况进行调整,转化成"严厉指导的根本在于对部下的关心与爱护,应该把这个作为学习重点",等等。

没有榜样并非不幸

也有一些人会发现,自己身边没有能够成为榜样的人。

没关系,这也可说是一种幸运。如果没有榜样,用逆向思维来看,自己成为榜样即可。

> 有榜样易于决定目标,很幸运。
> 没有榜样则意味着自己将来没有强敌,仍然很幸运。

像这样的正面思考非常重要。

这既不是逞强,也不是故作安慰。从市场营销的角度来看职业规划,这确实是件幸运的事。

试想,由于你的榜样已经站在你的目标位置,想要超越这个人也非常困难。关注那个位置的人也有很多,竞争自然也很激烈。

而且,从市场营销的角度来看,以榜样的位置为目标的人越多,相应的,那个位置的价值就越小。

相比之下,从这些角度来考虑职业规划,如自己能成为领域第一人的可能性在哪,能提升自己价值的方向在哪里,反而可能实现更具独创性的职业生涯。

9 输出的最佳时机——学习会、发表会

为获得反馈而输出

通过书籍等构筑起一定程度的知识地基后,便要有意识地积极输出。

输出有两种方法,一是实践,二是讲述给他人以获得反馈。本节会介绍讲述给他人或在某个场合发表的输出方法。

商务人士掌握知识和技能时,决不可轻视输出。一旦草率对待,不仅会降低学习效率,最终也只能掌握不实用且自以为是的知识和技能。

输出的意义大致上可以分为 3 点:

① 得到恰当的评价与强大的信息

向他人讲述自己学到的知识,能得到客观的评价。告诉给

精通此道的前辈，可以获得"正确""错误"，或者"还有更好的方法"等重要信息。

并且，如果说给外行人士听，则可以得到"我全理解了"或者"完全搞不懂"的评价，这能成为自己理解程度的标准，帮助自己反省学习效果。

当然，用这种方法获得的反馈也要上传到学习日志。

② 面向实践的训练

成人学习的最终目标是实践自己掌握的知识与技能。不应埋头学习，应该尽早训练输出，熟悉过程。

不要说"还没到那个水平""无法当众演讲"之类的话，勇敢地输出吧。在学习阶段无法创造这种输出机会的人，很可能在实际工作中也无法创造输出的机会。

另外，只依靠读书、摘抄关键词等方式很难记住行业术语，要说出口、反复输出，才能将它们转化为自己的语言，并使用自如。

③ 向周围展示自己

第一章也提到过，公开自己正在学习能获得各种机会。好不容易开始学习，即便想要将学习与薪酬联系起来，也要不断输出并向他人展示自己。

还有，只要输出，周围的人就会成为你的"起搏器"。他们会问你"学得怎么样了"，并成为推动你持续学习的推动者。

参加公司内部的学习会能得到更高程度的反馈

输出方法有很多，可以讲给其他人听，也可以举办学习会，等等。特别是公司内外的志同道合者举办的学习会最适合用来输出。大家积极地参与其中吧。

当然，在学习会上不能只听别人讲，要自己成为讲师上台演讲。刚开始学习就要当众演讲1～2个小时，事前准备会很辛苦，精神压力也很大。但是越辛苦，回报也就越大。如果不跨越这堵高墙，只是阅读书籍，在学习上其实是在绕远路。

这样的学习会分成两种，一种是只有公司内部的人参加，另一种是许多不同行业的人共同参加。它们有各自的优点，灵活运用能进一步提升学习效果。

公司内部学习会的优点在于，由于大家同处一个核心框架之中，因而能得到更加深入的反馈，可以听闻更具实践性的事例或具体技巧。如果能邀请自己崇敬的上司或前辈参加，尽管会听到严厉的措辞，但可以获得针对自身现状一针见血的建议和评价。从同事身上则可以听到与工作直接相关、立刻就能发挥作用的知识，或是自己未曾得知的事例。

同时必须注意的是，同一个公司中的人已经有共识和共通术语，因此有时不说出口也能理解。若只参加公司内部的学习会，会有成为井底之蛙的可能性，请务必保持警惕。

参加公司外部的学习会，确认自身的输出能力

说到公司外部的学习会，有人会想象成类似联谊会或是不同行业的交流会等，其实社会上有许多正式的学习会。通过询问他人、在网络上搜索，找到适合自己的学习会吧。

我参加过的学习会是会员制的，不同行业的人每个月聚会一次，每次 2 小时，由某个会员担任讲师，谈论自己的专业领域，或是现在正在从事的工作、感兴趣的事，等等。

这个 2 小时的设置很有深意。如果只有 1 小时，可以勉强敷衍；倘若要讲 2 个小时，事先就得有一定程度的输入才行。

向公司外部的人发表演讲，意味着对一无所知的人、行业全然不同的人进行讲解。如果没有先消化好内容再说明，就无法让对方理解。因此，从某种意义上来说，这也能成为将来与客户商谈的模拟训练。

另外，在学习会上可能遇到公司中没有的专家，届时自然会有非常深入的提问和指摘。

有一次，我在学习会上谈论移动行业的情况时，会上有一位移动电话方面的业内人士，他指出了非常专业的问题。虽然问题很难，但让我受益颇多。

无论多忙碌都不能中断输出

很多人以没时间为由而忽视输出，然而，时间是挤出来的。

若一直认为没有时间，那么无论经过多久都无法输出。哪怕强迫自己也要把参加学习会加入计划中，"在这场发布会之前需要输入这些知识，为此需要×小时。因此工作效率需要提高这么多"。必须要有这样的决心。

假如怎样都无法挤出时间，也可以轻松随意一些，向家人、朋友、喝酒聚会的伙伴们输出。吃晚饭或者闲暇的时间，讲给家人吧。如果他们完全无法理解，则可以推想，客户也无法理解。

况且对很多人来说，在家人面前丢脸也不要紧，即便受伤也不会感到疼痛，正是合适的输出对象。

10　积累小实践，蓄积 L&L

没有比实践更有效的学习

无论学习多少股票机制、投资心理的相关知识，也不一定会在实际的投资中获取利益。技能和知识也一样，只是了解是无法发挥作用的。在实际中使用才能打造可以创造价值的技能和知识。

首先从比较容易，并且失败也不会造成太大伤害的实践开始，积累许多经验后，再慢慢转向难度更高、规模更大的实践。那时，不要只是增加实践次数，而是要整合获得的知识和教训，蓄积在 L&L（Lessons learned，即经验教训）中。否则，只会无数次重复相同的失败，在成为能够独当一面的人之前需要耗费更长时间。

L&L 是指，实践后将可以活用于下一次的经验形成的数据库。单纯记忆的学习姑且不论，若是为了活用在商务活动中，蓄积 L&L 便极其重要。

如项目管理，无论参加讲座学到多少知识，在实际工作中都无法发挥太大的作用。这是因为，归根结底管理框架本身就十分简单，内容并不难。

"今天的说话方式不太好。"

"分配工作的方法还有改善的余地。"

"工作计划应该还能调整成更好的安排。"

要想掌握书本中无法得到的技能，除了自行增加实践经验，不断蓄积 L&L 以外，别无他法。

L&L 的案例在第 99 和第 100 页，内容非常简单。和什么人、做了什么、结果如何、反省、接下来要怎样做，将这些情况整合到 Excel 表格中，大致写 2 行左右即可。

这个 L&L 也要分类别写在学习日志中。它将成为专属于你且最适合你的教材。

整合 L&L 的案例

Category	Who	Action/quotation	Lessons & Learned	Next Action
共享愿景	自己	在项目的准备阶段，让每个成员写下"这个项目到何种程度才算成功""为此自己应该做些什么"	成员提交的内容并不统一，深入询问后发现，他们想象的东西各有不同。将它们统一的过程看起来要花费很长时间，但要是舍不得这一个小时，将来反而会浪费几百个小时	有必要掌握当意见和愿景产生很大分歧时的引导技巧
共享愿景	K	追求语言的定义。不用空话	不能用"革新的"或"适当的"等关键词来解决问题。必须彻底思考清楚，在这个情况下"革新"具体是指何种状态。在思考过程中，便能深化关于前进方向与目标的共识	
打破既有概念	K	告诉他"这个任务预计需要4周时间。"他说"那就用2周时间完成。"结果成功了	用归纳法来思考的话，某项任务绝对无法完成，但换成目标驱动的方式，却实现了这件不可能的事。作为领导，不能只将"可以完成的事"作为目标。但是，风险管理亦不可或缺	
打破既有概念	I	领导如果具备将未来托付给不断突破现状的精神、时代感敏锐的年轻人的度量，就不容易患上大企业病	不知不觉总是偏向于让熟知的成员组成团队，应有意识地纳入一名不同类型的人才，期待不同的发展	下次建立体制时实施
创造出便于行动的环境	T	会议的最后一定要在积极向上的话语、工作成果中结束	大家常说"使用积极向上的语言"，我切实体会到，在良好的氛围和余韵中散会，带来的正面效果会延续到个人工作中；正是因为在困难重重的时候，才必须说："虽然很难，但能推进到这个程度已经很棒。""现在就能发现这个风险，太好了。"	
类别	当事人	行为、结果	经验教训	下一步行动 etc.

（接上表）

Category	Who	Action/quotation	Lessons & Learned	Next Action
创造出便于行动的环境	S	不使用邮件分配任务。尽可能当面传达背景、前工程、后工程、需要沟通的人物等内容。让对方自己确定任务完成的状态	这点很常见，很容易造成"我以为说过了"的错觉。没有传达清楚只能算自己的错，今后要贯彻这个做法，让对方自行确认	将任务确认清单制作成资料
提出行动模范	自己	在团队的项目启动会议上，用自己的语言提出团队的运营方针	运营方针似乎被认为是一种模糊的核心口号。必须提出能让人瞬间想象出情景的运营方针，使"犹豫时就这样做"的意识渗透到所有成员中	参考丽思卡尔顿的信条，试着列出10条方针
提出行动模范	A	先努力将做成的资料厚度缩减一半，接着再缩减一半。用大号字，只传递出重点讯息	从根本上追求真正有必要的东西。由于指定大号字体，无用的文字自然会被删除	
为成员赋予动机		充分交谈，直至掌握每个人的动力之源为止	成员的动力因人而异，有晋级、掌握技能、在工作中做出成果、获得认可，等等。我想培养他们获得这种能力，即在最后成功时仿佛得到赠品一样惊喜，"虽然没有想到，但这样其实也很令人开心"	阅读"提不起干劲时读的书"
类别	当事人	行为、结果	经验教训	下一步行动 etc.

11　总结概念的理解与具体的理解

学习日志的积累是学习的证明

自己对概念的理解、具体的理解达到何种程度，可以按照学习日志内容的充实程度判断。

某个知识上传到了学习日志中，意味着它至少在自己的脑中走过了数遍。

书籍	广泛阅读后提取出关键词，写在便利贴上，上传
人脉消息	听过（做了记录），上传
学习会	做准备、发表演讲、获得反馈，上传
实践	尝试去做（做记录），上传

像这样，通过多次接触信息而加深理解，知识在记忆中的稳定性也会更强。与此同时，可以只牢记真正的要点，其他参考信息和详细信息则直接写在学习日志，让它成为你的外部记忆装置。

只要处于可以联网的环境中，就能和使用自己的大脑一样使用学习日志，迅速找出信息，并将庞大的数据存储进去。稍有闲暇的时候，快速看一遍也能成为一种复习，如果暂时从该领域离开了一阵子,只需在回到工作前再读一遍学习日志,马上就能回想起工作要点。

在需要尽可能快速且扎实地掌握庞大信息的概念的理解、具体的理解阶段,学习日志将是强有力的武器。

学习日志应该在多长的时间内积累多少内容?这取决于学习对象或工作期限。某些主题的学习可以在 1 个月或 2 个星期的时间内充实学习日志,也就是完成追补。

并且,在如此短期间内获得的知识,以电子数据的形式保存在学习日志中,会成为毕生支持、援助你的强大武器。

第四章

1日输入3册的读书术

掌握搜索阅读 & 同步阅读

1　书要一次买齐

逐步投入兵力必将失败

延续第三章的内容，本章将介绍成人学习中关于书籍阅读的技巧和窍门。

首先是购买书籍的方法。

完成信息地图后，就要购买挑选出来的书籍了，这时应注意要一次买齐。请直接购买20～30本书。

这些书不需要全部读完。后文会详细说明，在成人学习中仅阅读有必要的部分即可。

因此，不要有如果没法全部读完该怎么办这类的担心，也不要有囤书不读很浪费之类吝啬的想法，就当作是必要的自我投资，一次买齐所有书籍。

有人也会认为"总之先买两三本，剩下的读完再买就行"，但本书并不推荐这种做法。在坚定学习意志的初始阶段一鼓作气购买所有书，才能给自己带来压力，"既然都投资这么多了，必须要拿出成果"。从投资回报率的角度来说，一次买齐才是正确答案。

畅销书不等于好书

想要实现扎实且迅速的追补，书籍的选择非常重要。

最近我发现，书籍的两极分化变得越来越严重。也就是说市面上的书分为真正称得上好书的作品，和不怎么需要阅读的书。

例如，有一种面向外行人士写的书，《一个小时学会××》。对缺乏知识、彻头彻尾的外行人士而言，这种书能成为他们走向专业知识的入口，同时由于通俗易懂，也可能成为畅销书。

不需要十分深入的知识时，只阅读这种书便足够了。

我并不打算否定这类面向外行人士的通俗读物，可是，从将学习知识转化为自身能力的角度来看，仅仅阅读这种《一个小时学会××》的书很难将知识变为自身的一部分。

如果只吃柔软的东西，下颚的力量就会减弱。同样的，要是对有嚼劲的书敬而远之，只读一些简单的内容，咀嚼事物、深入思考的能力就会衰退。

如果某本书是该领域的必读书，即便很难理解，也将它列在信息地图上，立刻阅读吧。

寻找身边的鉴定家

可惜，畅销书并非全是好书。有些书畅销是由于宣传文案比实际内容更加巧妙，有些书则是由于有影响力的人物推荐。

书评或评论又如何呢？电商网站上可以看到一些书籍有许多评论，并登上了排行榜前列。我也经常购买这样的书，但说实话，其中鱼龙混杂。

那么，应该如何挑选出真正的好书？

一个办法是，尝试询问自己信赖的人、尊敬的人，请他们在近期阅读的书籍中推荐适合自己的书。

毕竟，有鉴赏能力的人会挑选好书阅读，因此可以参考读过许多好书的鉴定家的推荐。

我认识一位朋友，他经常让他人给自己推荐书籍。虽然扩展自身的知识面是他最大的目的，但这样同时也能摸清对方的兴趣爱好，简直是绝妙。

并且，他会当场用手机登录网站下单，推荐者自然也是十分开心，这种做法实在高明。

翻译书较少出错

另一个方法是选择外版引进的书籍。

大多数引进的外版书都已在海外取得了良好销售业绩并获得较高评价。换句话说，它们已经被过滤了一遍，好书的概率也更高。

此外，引进的商业书籍大多有一个特点，即在充分调查研究的基础上写出明确可靠的内容。而另一方面，日本的商业书籍，连同本书在内，则更多讲述从个人成功经验推导出的技巧。

这两种方法并没有优劣之分，但如果从掌握系统思考、具备通用性的角度来看，还是以坚实的调查研究为基础的翻译书籍更胜一筹。因此，建议大家当遇到在意的翻译书时，要毫不犹豫地购买。

亲自确认再购买

近来在亚马逊等网购平台买书的人越来越多。不过，偶尔也有必要亲自去书店，拿起书确认里面的内容。

先看目录和前言，再翻阅整本书，就能大致明白书的内容是否充实。同时，这样能够训练自己的鉴赏能力，希望大家也能养成定期去书店的习惯。

并且，可以在网络书店挑选目标书籍，然后实际到实体书店购买，像这样区分使用书店也是关键点。当你亲眼看到书店的书架时，会有"原来还有这类书""这个书架（类别）的旁边居然是这个书架（类别）"之类的新发现。

我个人会在列出购书清单后前往实体书店，除了购买目标书籍以外，通常还会加上在书店中新挑选出的两三本书。利用这个方法，在书店中就不会因犹豫购买哪本书而浪费时间，也不会错失邂逅好书的机会。

2　搜索阅读可以做到1天读3本书

只阅读关键词

"书是用来看的，不是用来读的。"

既然不是为了娱乐，而是为学习而读书，这种明确的态度就很重要。要想在短时间内输入，这个方法不可或缺：只看不读，同时找出目标关键词或有用的文章。

经常有人对我说："你好像不是在读书，而是在翻书。"正是如此。我事先会在心中确定"想了解的内容"这样的目标，并以查找（搜索）的方式翻阅。由于实际上没有读，这个方法也不同于速读。不断翻阅，查找关键词，找到后立即写下来或做标记，再接着翻阅，不断重复这个过程。

关键词可以是单词，也可以是词组。一开始可能不清楚哪个是关键词，但经过广泛阅读后，它便会慢慢浮现出来。

找到关键词后，就写到便笺上（参看第114页）。不要照抄原文，而是概括内容。如果原文太长难以摘录，或难以提炼成关键词，就直接贴空白的便笺，用记号笔做标记即可。一味地烦恼"该如何提炼关键词"也只是浪费时间，降低输入的速度而已。

并且，相关的图表和描述等可供参考的部分也要关注，同时用便笺做好标记，将其作为数据库随时翻阅。

商务书籍无须全部读完

搜索阅读是社会人士在学习中需要具备的最基础的能力。要是逐句逐字、精读全篇，或是从头到尾通读一遍，无论有多少时间都不够用。除了最初的入门书以外，用搜索阅读的方式阅读所有书吧。

在大多数情况下，学习者的目的并不是读完书，特别是商务书籍。最好事先有一定的想法，带着目的去读书，如应该阅读哪个部分、了解哪些内容。否则，很容易出现读完了，但不知道自己究竟明白了些什么这样的情况。

设定阅读目标的秘诀是，首先粗略浏览目录，大致决定阅读哪些部分。若在制作信息地图时便提前明确这一点，通过广泛阅读进行输入的过程就会十分顺畅。

"全书共7章，只读2、4、5这三章。"

"先查看按项目整理出的要点，然后只阅读自己想看的项目。"

"检查图表和数据，再阅读其中比较感兴趣的部分。"

差不多是这种感觉。你是不是觉得这种阅读方式过于浪费，可能会错过重要的信息？答案是不会。使用这种阅读方法就足够了。只要时刻有目的意识，仅凭借搜索阅读就能看到想获得的知识和信息。

归根结底，一本书中能够提炼出的有用信息并不多。大家或许听说过"二八法则"，即认为整体中重要的部分只占两成。按照这个法则，一本200页的书籍中，对自己有用的内容只占两成，也就是40页左右。以我的经验来看，这甚至还是很多。其中有一成内容能发挥作用已实属难得。若将自己想要学习的内容严格限定在某个范围内，那么还要再少一半，5%的内容就足够了。

因此，目的越是明确，有价值的部分就越少，"只阅读这一章""只阅读这一页""只阅读这几行"。如何快速找到这些有价值的部分，正是有效进行搜索阅读的关键。

如上所述，事先在脑中定好搜索对象，就能以极快的速度读完书。我一般会在两天内读完3～5本。当然，厚厚的精装书没法做到这一点，但只要有2～3小时，也足够用搜索阅读读完。

3　推荐同步阅读

同步阅读多本书胜于逐一读完

一次购买几十本书的目的之一就是为了同步阅读。同步阅读是指同时阅读多本书籍的方法。

这种方法的好处在于能够提高学习效率，你可以将两本书中提到的内容在自己的脑中关联，或是在这本书中看懂了另一本书没看懂的部分。

同时，回到读书行为本身，比起仔细阅读一本书，同时阅读多本书更不容易感到厌倦。纯文学作品也许需要细细品读，但如上所述，阅读商务书籍用搜索阅读的方法即可，因此同步阅读的效果很好。

经常有人问"这样读书，头脑不会混乱吗？"由于实在不可能同时阅读主题与切入点都完全相同的书籍，只要同步阅读的是切入点不同的书，就不必担心这个问题。

分散阅读的场所

再补充一点关于同步阅读的内容。如果能够制造许多阅读场所，会便于维持并提升阅读的欲望。

我不会将阅读的场所局限在书房或地铁等特定地点。办公室的休息区、会议室、床上、客厅沙发、厨房角落，一切场所都是读书空间。如此一来，日常生活的所有场景都能阅读。

购买书后，我会先将所有书摆放到一起，思考每一本书的厚度和主题，并决定何时、何地、读什么，比如"这本书在通勤的时候读""这本在假日一口气读完""这本睡前读"。

剩下的就是将每一本书放到属于它们的位置上而已。这样做，就不需要摆出"读书吧"的架势，在生活的所有场景都能立刻拿起应该阅读的书。

也有人在固定的地点阅读会更专注，但对于使用同步阅读方法的我来说，最重要的不是能让人安静下来长时间集中精神的环境，而是能顺畅转换思维的环境。"这本书在这里读，那本书在那里读"这样区分场所阅读的效率更高。

当然，同步阅读并不适用于所有人。有些人认为"我还是想按顺序一本一本阅读"，这也未尝不可，要找到适合自己的方法。

例如，集中读完某个主题的集中突破法也不错。只要能突破一个问题，学习就会变得更有趣。

如果觉得一直进行同步阅读的话范围太广、程度太浅，令人焦躁，就选择最感兴趣的主题，或自己最想加强的主题，优先阅读这部分内容也是很好的选择。

4 善用便笺,找出关键词

区分使用黄、蓝、红 3 种颜色

如图所示,通过搜索阅读找到的关键词要写在便笺上,并贴在找到关键词的那一页。这时提高输入速度的秘诀是,最开始不要在便笺上写关键词。

灵活运用不同颜色的便笺能迅速定位目标内容

每找到一个关键词就写便笺并贴在书上这种做法的效率并不高。不仅会导致搜索阅读的过程不连贯,有时还可能在后文找到更加精炼的关键词，前面制作的便笺就会变得毫无用处。一般来说，有些书籍会在卷末附有索引。另外，当同一个关键词出现许多次时，也可能立即记住，不需要特地摘抄。

因此，找到关键词后，先用记号笔做标记或迅速在空白处做笔记，同时贴上空白的便笺。完成搜索阅读后，再重新阅读一遍有标记的部分，只将最重要的关键词写在便笺上。在这个阶段，如果能做到"觉得这里很重要才贴了便笺，结果和那里写的内容是一样的"，原本认为十分重要的便笺的数量便会减少很多。

此外，灵活运用不同颜色的便笺有助于迅速定位目标内容。我会区分使用黄、蓝、红3种颜色。

黄色用于重要的关键词。黄色是在视觉效果上看起来面积最大的颜色，适合写搜索阅读中找到的关键词。

蓝色用于数据库。在一目了然的表格、令人恍然大悟的图表等部分贴上蓝色的便笺。没有必要记住这部分内容，但将来需要参考的时候可以将便笺当作数据库的索引。

如果贴蓝色便笺的部分是清单形式的行业团体网址等内容，将它们扫描并制成电子数据会更方便。在搜索变得轻松的同时，也能毫不费力地通过网络展示并发送给他人。

红色则用于其他事项及附注。

5 成人学习法的强大工具——kindle

电子书打破了时间与地点的限制

最近，日本似乎也逐渐掀起了阅读电子书的潮流。尽管超越纸质书籍仍为时尚早，但在每年的书籍销售额中，电子书所占比例越来越高，可以说，人们对电子书的抵触已然减轻了很多。

电子书的优点是只靠一个小型终端便能阅读成百上千本书。即使没有摆放书架的空间，也能拥有数量庞大的藏书。

电子书对工作繁忙的人来说也大有裨益。比如忙于育儿的女性，利用电子书可以利用孩子入睡后的些许时间学习。纸质书在光线昏暗的地方无法阅读，而电子书就能通过平板或智能手机阅读。并且，若将 kindle 放进密封袋中，在浴室里也能读书。前文也曾提到过同步阅读的读书场所的问题，只要有 kindle，在任何地方都能读书。

将 kindle 装在密封袋里，浴室也能变成学习场所

学习者能将碎片时间转化为

学习时间，正是得益于电子书的出现。

kindle 的笔记与标注功能

从前有些人不喜欢电子书，认为它不能做笔记，不能画线做标记，但现在不一样了，kindle 不仅能做笔记，还能做标注。

并且，还能以列表的形式统一显示笔记和标注，方便读后集中浏览自认为重要的部分。同时也可以轻松做到只回顾自己的笔记，以此来构思方案。电子书在使用上远比人们印象中的方便多了。

顺便一提，我使用的是电子书专用终端 kindle fire。这是因为智能手机屏幕太小不易看清，而使用 iPad 等平板电脑又容易浏览 Facebook、查看邮件，做其他事情。为了营造专心读书的环境，我选择使用专用终端。

尝试使用后，慢慢总会习惯的。不要说"不擅长使用电子阅读器这类东西"，试着阅读一次吧。

另外，kindle 可以分类别显示书籍，发挥信息地图的作用。由于能看到每一本书的阅读进度，还能够防止发生囤书不读的情况。

Kindle 的笔记和标注功能

Kindle 书架
能代替信息
地图

第五章

将技能和知识提升到变现的水平

培养应用能力与原创性

1　能变现与不能变现的人，区别在哪里？

应用能力与原创性是专业人士的价值所在

到达阶段二，大家已经理解了概念与具体，应该达到能在一定程度上完成工作的水平。

大家已阅读了大量的书籍，也能自如使用原本不熟悉的术语，还积累了实践经验，属于暂且理解、暂且能做到的状态。

然而，如果在此时停止学习，则无法以专业人士的身份来赚钱。这是因为，大家尚未拥有作为专业人士的价值，眼下掌握的知识与技能不过是借鉴他人的学识。

以料理为例。阅读他人写下的菜谱并学会制作那道菜，相当于概念的理解、具体的理解的水平。已经准备好材料与器具，立即能做出一道菜。而一旦有人要求"处理一下刚钓上来的鱼""把味道换成适合小孩子口味的"，顿时就会失去信心。更是无法应对"有没有适合我的料理"这类无规律可循的要求。

达到这个水平时可以在连锁餐饮店打工。但是，只要其他店铺有同样的菜谱，顾客能吃到同等质量的料理，你就不具备特殊的价值。

无论输入多少从他人处借鉴的学识，都无法让顾客认为"就算花钱也要吃你做的菜"。若希望他人认可你作为厨师的价值，那么无论顾客提出何种要求，都必须迅速端出成品，并能做出自己独创的料理。

如果再多提一点要求，就是继续提升水平，达到能将自己的烹饪法和做菜方法教授他人的程度。如此一来，就可以作为主厨兼老板，或者料理界首屈一指的大师而获得巨大财富。

商务人士的学习也是同样的道理。不满足于大致了解一些借鉴的知识，而是掌握无论发生什么情况都能应对自如的应用能力和原创性，并将技能提升至能传授他人的水平，这样就能以专家的身份挣钱了。

为此便需要体系的理解、本质的理解这两个阶段。

2 制作图表，将知识体系化

达到体系的理解、本质的理解意味着什么？

本书认为，在将自己的技能与知识提高至专家水平并变现的过程中，体系的理解、本质的理解不可或缺。

在行动上，前者需要使用 PowerPoint 等工具制作图表，后者需要使用因数分解的方法推导出本质。我会在后文中具体介绍这两种方法，这里先明确为什么体系的理解、本质的理解的阶段必不可少。

① 掌握应用能力

每完成一项工作时，就将成功和失败的主要因素整理归纳到图表中，这样比起每次都从零开始思考，下一次工作会推进得更加顺畅。准备多张这样的图表，面对任何工作都能应对自如，还能够用自己的方式做出调整，即便遇到从未接触过的项目也能顺利处理。

② 制作成幻灯片，发挥杠杆作用

图表是对某种现象的抽象化。换句话说，它不仅在某一特定领域有效，将其制作成幻灯片，也能适用于其他领域。

例如，我将面向年轻咨询顾问的用于公司内部的演示方法归纳成图表后，又制作了面向销售人员的用于公司外部的演示手法，二者都取得了良好效果。

这时，我使用原本的图表，只将语言换成销售人员熟悉的内容即可。这样做虽然不算一举两得，但只要不局限于一次性使用学习成果，在各式各样的场景中不断调整、灵活运用，学习便能产生附加价值。

同时，随着建立图表思维，也会逐渐发展出自己擅长的图表和方法，并孕育身为专业人士的独创性。

③ 扩大工作范围

将自己耳闻目睹的知识、自身的思考与经验归纳成图表或本质后，就能传达给他人。

如果能够将自己的经验传达给他人，如教会部下工作的诀窍、提升部下成长的速度，通过与他人共享自己掌握的技能与知识，自己则能够从事其他工作，或更高等级的工作，进而扩大自己的业务范畴。

能够顺势达到体系的理解、本质的理解

说到体系的理解、本质的理解，也许大家会觉得难度一下子变大了，其实不然。只要在概念的理解、具体的理解之上再付出些许努力，就能有更大的进步，进入能赚钱的商务人士的行列中。

具体要做的，只是将至今为止的学习成果和经验教训总结成图表，并从中总结出什么才是最重要的本质而已。

请不要以"怎么还有，太难了"这样的心情阅读接下来的内容，而是要以"只要再多付出一点努力，就能将之前的努力扩大 10 倍，以前的做法真的很可惜"的心态来阅读。

体系的理解 = 将学到的知识图表化

按照第三章、第四章的学习方法实践后，学习日志中已经积累了大量的知识及经验教训。但在这个阶段，大多数信息和知识只是借鉴他人的学识。

如果想达到无论处于何种情况都能在工作中取得成果，或是通过各种角度考察并提出建议这种水平，则需要将那些知识转换并凝结成自己的能力。这就是体系的理解。

体系的理解是指把通过讲座、实践经验等学到的知识转化成形。只要在这里多进行一道工序，就能进一步加深理解，更加切实接近能赚钱的专家水平。首先要做到在任何情况下都能够随机应变。由于自身的技能与知识已经形成体系，即使状况有变也能立即切换技能，或是看清应该改变的着力点。

接着，随着体系化不断推进，对于最重要的部分、如何根据情势作出改变这类的见解也将不断加深。由此也更加接近阶段四的本质的理解，即"总而言之，最重要的究竟是什么"。

那么，作为实际行动，具体该做些什么呢？结论是用PowerPoint制作出自己的原创图表。

横向思考书本上的信息、从实际经验得来的L&L、他人教授自己的知识等，在自己的脑中将这些概念的理解、具体的理解阶段获得的知识体系化，并最终制成图表。

提到图表，可能有人会认为是在演示中增强视觉效果用的工具。这种认识是不足的。图表是"构成要素 × 关系"的结晶。也就是说，如果不理解重点所在，不理解多个重点之间有怎样的关系，就无法制作图表。

制作图表需要取舍许多要素，定义相互关系，是一次既重要又令人兴奋的学习过程。这不是列举"有那个因素，也有这个因素"并全部列入图表中，而是为了找出"究竟是什么"的必要工序，同时也是成人学习十分必要的输出。

制作图表是学习

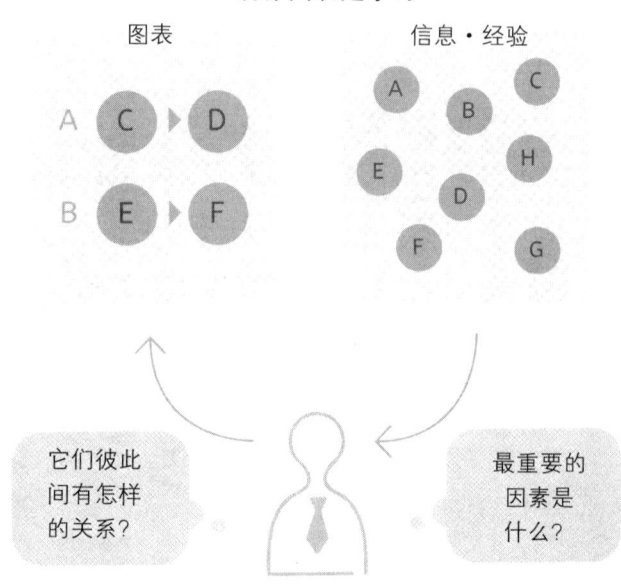

图表　　　　　　　信息·经验

它们彼此间有怎样的关系？

最重要的因素是什么？

制作图表的优点

· 加深理解
· 灵活运用
· 记忆更牢固
· 便于向他人传达

制作图表能加深理解且记得牢

比起用文章总结思考，制作图表更能加深自己对学习成果的理解。同时也能明确发现自己不理解的部分。

并且，预先准备好图表后，一旦在工作中需要用到这个技能，就能依靠图表迅速复习，非常方便。在商谈之前，或是使用技能之前，大致重读一遍图表，牢记不可遗漏，以及必须做到的要点。

此外，随着时间流逝，有时也会发现这个关键词不好、这里不好理解等地方。发现这种情况后应该精益求精，不断更新图表，让内容变得更加准确吧。

原材料是学习日志

粗略来说，制作图表就是以学习日志中蓄积的信息和知识为基础，自己在笔记上打草稿，最后用 PowerPoint 等软件归纳整理。我会在下一节介绍具体的归纳方法。

例如，如果是以成为人事方面专家而学习，可以将迄今为止的人事制度的变迁、制订人事战略的顺序、擅长人事战略的咨询顾问公司势力图等，这类模型作为案例归纳起来。

并且，如果正在学习的是解决问题的技能，如用什么顺序解决问题、什么工程需要什么技能等，则可以重新查看学习日志中的关键词，再同时归纳整理。

实际制作图表时，有时也存在必须找到学习日志中的关键词而再次阅读书籍的情况。这是因为，许多内容不重读一遍就写不出来。像这样，在无数次与信息接触的过程中，能够整理大脑中的信息，知识也会记得更加扎实。

亲手制作图表意义重大

也许有人会觉得我不是研讨会的讲师，制作这种图表也没用。还有人会认为比起自己制作图表，还是模仿名师的图表才不会出错。

然而，亲手制作图表有重大的意义。因为在制作过程中，你能发现自己尚不理解的部分。即便最终你做出的图表与名师做出的完全相同，但这个过程中有无自己的介入，对知识的理解程度会有天壤之别。

扎实阅读并理解前辈的图表无法进一步拓展思维。但如果自己制作图表，就能将理解深入到"为什么需要这个图表""为什么其他图表不行"的程度。制作图表本身亦是对至今为止的学习成果的复习，因此学习效果将更上一层楼。

并且，直到具体的理解阶段为止的主要目的在于吸收他人的知识，如果止步于此，便无法发展出原创性。能创造出自己独特价值的阶段还在前方。这一阶段是否能够制作图表、下一阶段是否能够推导出本质，是影响成人学习效果的分岔口，也是决定能力差距的关键。

3　图表的制作方法

制作图表的 3 个步骤

接下来将说明制作图表的常规方法。

① 决定主题

最初要决定图表的主题。

比如"××行业俯瞰图""解决问题流程"等，直接表明图表将要展示的内容。如果没有明确主题就开始制作，必然会成为毫无意义的涂鸦。

② 提取构成要素

若将图表比喻成舞台，构成要素就是演员。这一步需要摘录出所有演员。

假设要制作行业俯瞰图，归纳"××集团""△△派"和技能要点等内容，那么就应选出"第一阶段××""第二阶段△△"等必不可少的关键词。这并不是在制作数据库，因此要尽可能用简短的关键词提取构成要素。

③ 定义相互关系

将提取的构成要素关联起来。它们之间是并列关系还是先后关系？顺序是怎样的？使用箭头将它们连起来。

向他人展示图表

制作图表后，请检查以下3个内容。

第1个是层次感。重要性或规模相差甚远的构成要素若处于同等地位，就失去了制作图表的意义。

第2个是信息性。无论图表多么整洁，如果无法回答"那这张表究竟想说明什么"这种问题，也不过是在信手涂鸦罢了。如果不能让所有人都一眼就能从图表中读出制作者的意图和关注点，"总之就是这个意思吧""重要的是这个吧"，那就没有意义了。

第3个是要检查普遍性。最好的做法是让图表内容具有普遍性，以便将体系化的图表运用在其他知识和技能中。

并且，积极向他人展示做好的图表，并供大家使用吧。如果他人觉得能够发挥作用，就达到了合格的标准。

反过来，如果他人看不懂图表，则说明制作者自以为已经理解却无法输出，也就是说，此时的理解水平无法创造出价值。应该真诚地接受"这里不好懂""这里还有不足吧"之类的评价，一边提高图表的准确度，一边增加它的变化。

图表的原创性将成为专业人士的个性

前文提到要向他人展示图表，但是，没有必要全盘接受他人的意见。这是因为，在体系的理解阶段不能只是输入，而是要进行再加工，并吸收技能和知识。即便图表被全盘否定，也必须做出接受一部分、保留一部分的取舍。图表的"个性"非常重要。

不同制作者的图表也各有不同，这是理所当然的。由于"一个人的价值 = 一个人的个性"，要想在工作中创造价值，不能永远当他人的复制品，必须持有自己的商务风格和技艺风格。因此要珍惜自己所用图表的个性。

建议大家积极听取某领域的知名人士等与自身工作内容不会重合的人的意见。但如果过度听取同事或竞争者的意见，则会丧失差异化因素，无法体现自身特征，导致竞争力下降。不仅如此，自己的技能也将更难变现。

在一些难以与他人产生区别，或无须体现区别的领域，最适合直接使用身边的高手和前辈制作的图表。即便直接引用基础内容或定论也没有问题。

4 使用模板的图表制作方法

只要参照模板，任何人都能轻易制作出图表

最开始该如何制作图表十分令人烦恼。但此时只要使用模板就能轻松完成。

方法十分简单。选择适合自己要归纳的现象的模板，设定好横轴和纵轴即可。能否在这两个轴上放置最佳内容，可说是学习成果的最好体现。

从本页开始介绍的是我自己常用的模板，阅读了许多书籍后制作而成，供大家参考。下面将简单介绍各个模板的特征，以及在哪些情况下使用哪种模板较为合适。

图表模板

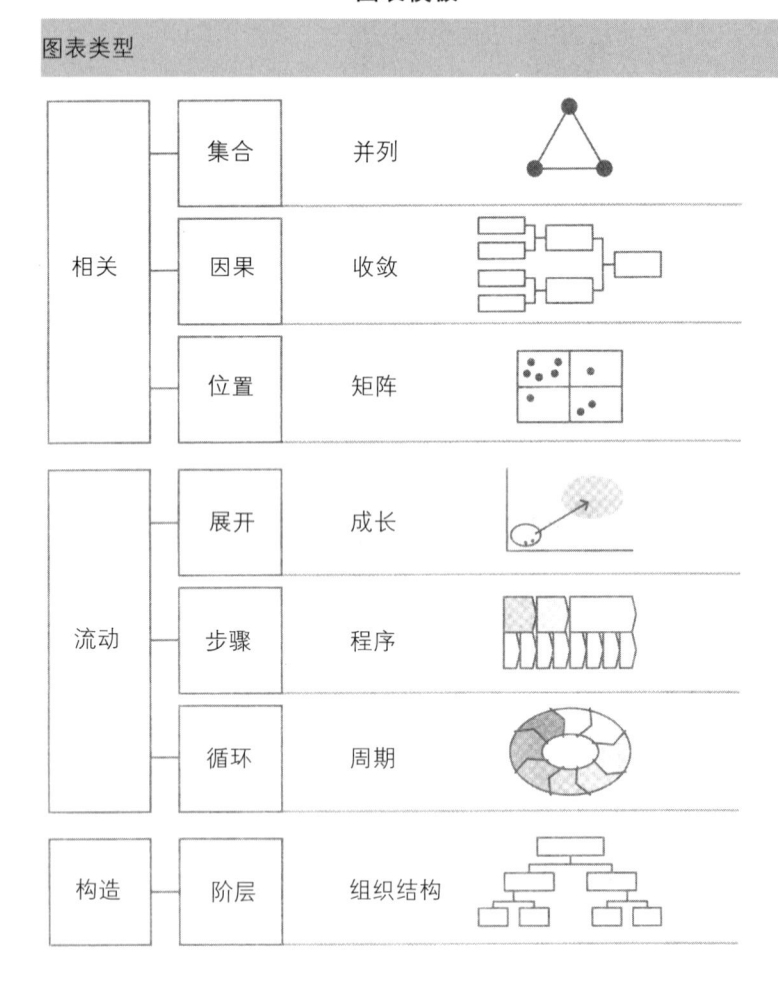

图表类型			
相关	集合	并列	
	因果	收敛	
	位置	矩阵	
流动	展开	成长	
	步骤	程序	
	循环	周期	
构造	阶层	组织结构	

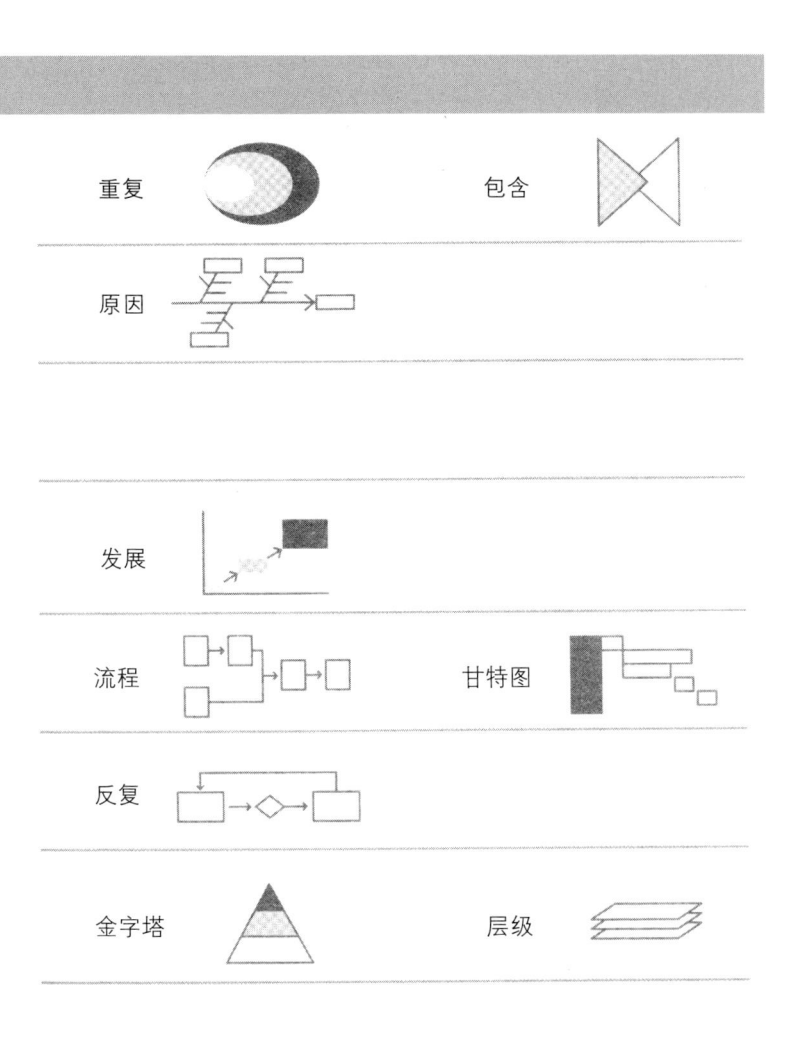

第五章 将技能和知识提升到变现的水平

重复		包含	
原因			
发展			
流程		甘特图	
反复			
金字塔		层级	

集合

这是图表中常用的模板,需要对"构成××的是这三点""▲中包含了△"等分类时非常方便。

例如,在归纳 CSR(企业社会责任)的概念时,不是写成文章或项目清单,而是在大概念"为实现可持续社会而开展活动",其中又包含"内部统一管理"的概念,再用圆环形式展现企业历来开展的以风险管理为首的各种活动。如此一来,就归纳出这个概念中包含了什么因素、各因素间有怎样的关系。

集合中存在并列、包含、重复等模板。

图表模板(集合)何为 CSR?

CSR 活动是属于企业经营根基的企业自主活动,目的是实现企业自身的永久存续,并与社会共同构筑可持续的未来。

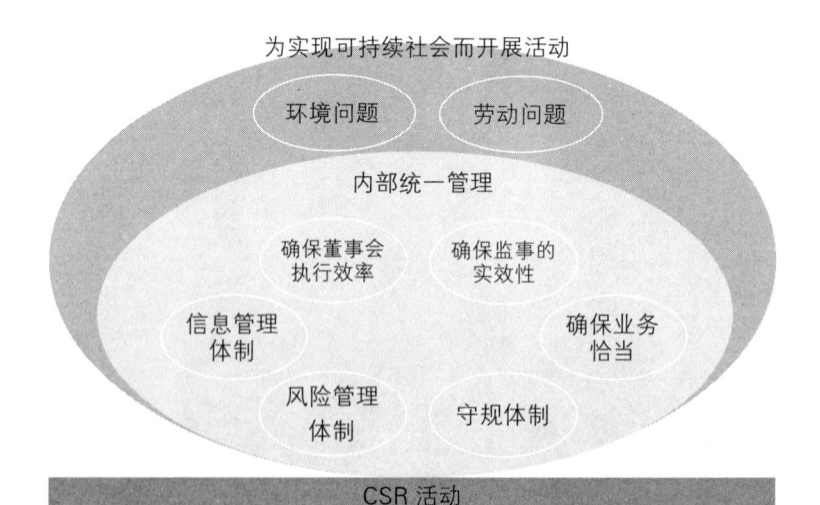

为实现可持续社会而开展活动

- 环境问题
- 劳动问题

内部统一管理

- 确保董事会执行效率
- 确保监事的实效性
- 信息管理体制
- 确保业务恰当
- 风险管理体制
- 守规体制

CSR 活动

因果

因果是用于分析问题的模板，可以将实际工作中的问题分类、聚合并提出整体解决方针。反过来说，当研究某一个大课题的时候，用这个模板可以明确个别需要研究的内容。

例如，重新讨论商业模式时，使用模板能整理出避免遗漏检查项目的切入点，或是概括出"为什么缺货率居高不下""为什么员工的工作热情降低"等问题。

因果中存在收敛、原因等模板。

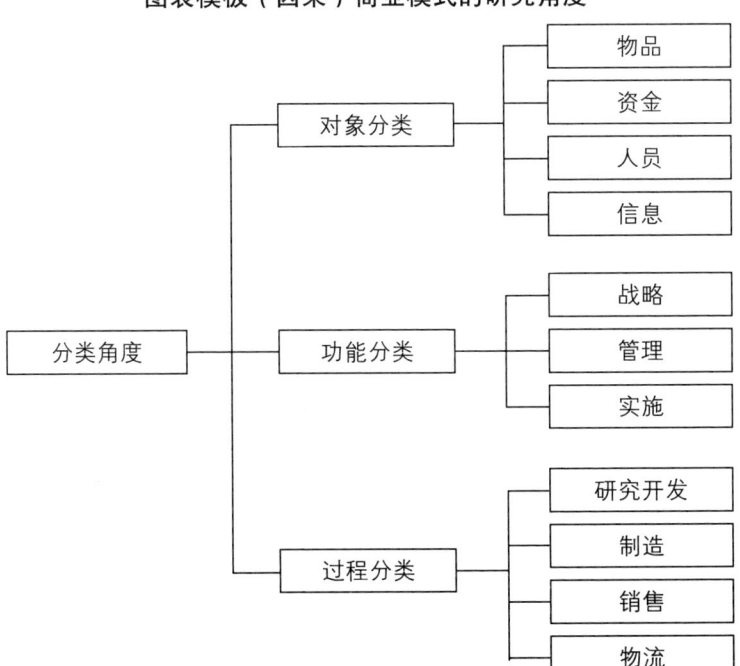

图表模板（因果）商业模式的研究角度

```
                    ┌─ 对象分类 ─┬─ 物品
                    │            ├─ 资金
                    │            ├─ 人员
                    │            └─ 信息
                    │
        分类角度 ───┼─ 功能分类 ─┬─ 战略
                    │            ├─ 管理
                    │            └─ 实施
                    │
                    └─ 过程分类 ─┬─ 研究开发
                                 ├─ 制造
                                 ├─ 销售
                                 └─ 物流
```

位置

这个模板通过两个轴向以上的切入点将各种事项分类,适合用于把握各个位置的区别。例如,可以给行业参与者、商品、顾客、措施等分类并理解其中的差异。

由于差异会随着纵轴和横轴上设定的内容而越发显著,适合用来归纳需要掌握特点的学习内容。

同时,整理好各个领域后,这个模板在研究各领域的对策时也能发挥作用。因此不仅可以用来归纳学习内容,还能用于研究下一步行动。

下图是根据工作的专门性和出现频率将企业的人才雇佣形态分类的图表例。

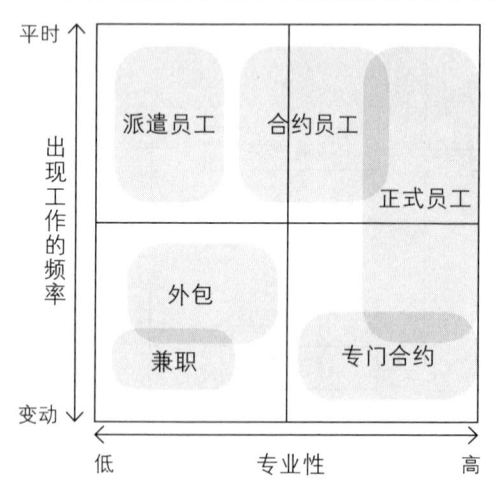

图表模板(位置)根据业务部署人才例

纵轴:出现工作的频率(平时 → 变动)
横轴:专业性(低 → 高)

- 派遣员工(平时,低专业性)
- 合约员工(平时,中专业性)
- 正式员工(平时,高专业性)
- 外包 / 兼职(变动,低专业性)
- 专门合约(变动,高专业性)

展开

这是最适合用于表现某事物随时间推移而变化的模板。

例如，日本经济的变迁可以用石油危机、泡沫经济、IT革命来展示。同时，沿着时间轴归纳职业发展路径也很方便。

另外，掌握技能的过程中存在先学A，后学B之类按照时间顺序推进的行动，则能同时发挥学习路线图的作用。

展开中存在成长、发展等模板。

图表样例【展开】职业发展路径

咨询顾问	系统工程师
合伙人	业务经理
↑	↑
高级经理	项目经理
↑	↑
经理	项目负责人
↑	↑
高级分析师	系统工程师
↑	↑
分析师	程序员

步骤

这是适合归纳业务程序等内容的模板。制作阅读财务报表的步骤、为了消除工作失误的检查项目等图表时非常方便。

同时,步骤图表并非一次性完成,应不断实践,积累更加具体有效的L&L,并随时反映在图表中。

步骤中存在程序、流程、甘特图等模板。

图表模板(步骤)医疗行业价值链

2~3年	3~5年	3~7年	2~3年		4~6年
研究开发	非临床试验	临床试验	申请批准	批准·许可 纳入基准并销售	上市后调查
·新型物质的开发研究 ·物理化学方面性状的研究 ·化学物质的筛分 ·根据市场动向等事项确定开发领域	动物试验 ·多少剂量能发挥作用 ·体内的吸收、代谢情况 ·对人体造成何种影响 ·有无强烈毒性 ·有无致癌性、对婴儿有无影响	人体试验 ·I期临床试验(Phase I):以少数健康男性为对象,确认安全性 ·II期临床试验(Phase II):以少数患者为对象,确认用量及用法 ·III期临床试验(Phase III):以多数患者为对象,验证有效性与安全性	·申请批准医疗用医药品 ·提交申请书及各种数据	·批准制造销售许可 ·纳入药价基准[①](决定药价) ·开始销售	再审查、再评估 ·上市后调查 大范围调查上市后药品的实际作用及副作用等 ·再审查 以上市后调查的结果为基础再次审查 ·再评估 以当前学术水准再次对药品作出评估

---

① 日本实施药价基准制度,由政府统一规定医疗保险药品目录的范围以及医疗保险药品的价格。——译者注

循环

这是适合归纳按照一定周期循环的过程或步骤的模板。

例如，在整理企业经营、事业周期、生产管理、品质管理、人才管理等管理方法时，使用这个模板非常方便。

虽然与步骤模板相似，但管理方法之类的内容到最后并不像步骤那样一次性结束，而是能继续作为方案的输入环节发挥作用，因此用循环来归纳更合适。

循环中存在周期、反复等模板。

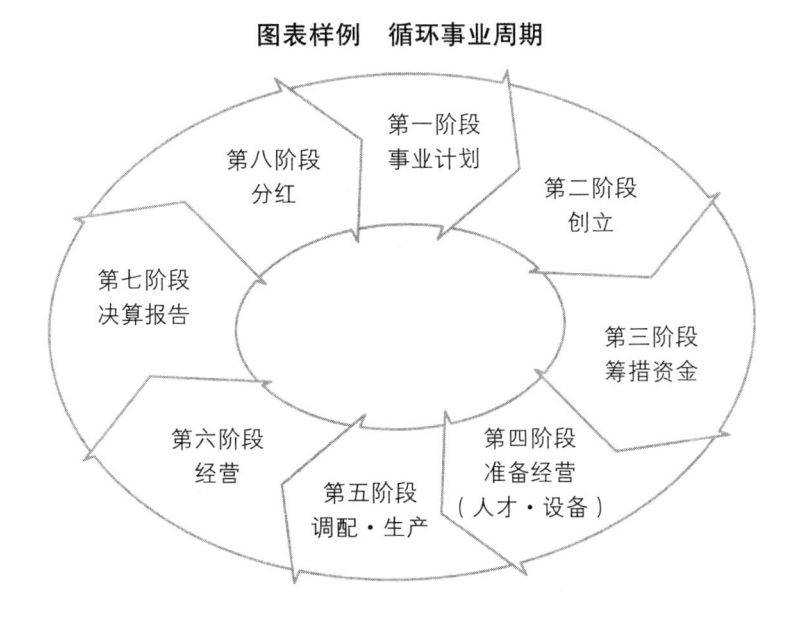

图表样例　循环事业周期

- 第一阶段 事业计划
- 第二阶段 创立
- 第三阶段 筹措资金
- 第四阶段 准备经营（人才·设备）
- 第五阶段 调配·生产
- 第六阶段 经营
- 第七阶段 决算报告
- 第八阶段 分红

等级

这是适合归纳等级结构的模板。例如，可以简单使用等级模板分别定义计算机处理行业和网络行业各自的构成要素，并归纳出"现在的主要参与者"。

并且，较多使用等级模板归纳的还有技能、意识、心理相关、组织及社会结构等主题。基础是什么、按照怎样的顺序累积到较高等级、最终的目的地是什么，这个模板适合用来整理这些内容并以此把握其中的特点。

等级中存在组织结构、金字塔、层级等模板。

图表模板（等级）解决问题所必需的思考和意识

金字塔结构（从顶至底）：
- 假说思考
- 结构化思维、自上而下思维
- 全局思维、关键词思维、取舍思维
- 责任意识、当事者意识、本质意识、目的意识

从不同切入点制作多张图表

制作图表时要牢记的是,不要满足于制作一张图表,而是试着从多个切入点制作多张图表。即便是同一事物,从不同方向观察,也能以不同角度再次开展研究。换句话说,组合使用多张图表更有可能产生协同效应。

例如,整理行业势力图,就用集合或位置模板厘清行业当前情况,并用展开模板总结行业的发展史。从多个角度制作图表不仅能加深理解,还能根据不同目的迅速回想起必要的图表。

当然,这并不是指达到一定程度的数量即可。制作许多图表可能会让人产生已经掌握很多知识的危险错觉,导致制作图表本身变成了目的。

说到底,在成人学习中做无法与收入挂钩的事情毫无意义。因爱好而学习姑且不论,若想在工作中运用学习成果并提高收入,就应避免那些无谓之举。即便制作100张图表,也不会变成实际的金钱。

不断增加的图表反而是无法整理并归纳学习成果本质的证据。这种状态下,学到的信息、知识、技能无法转换成金钱。

在充满紧张氛围的场合也能切实开展实践。
能够立即给出回答。

如此密度极高的图表大概是 3 张，最多也就 5 张。

将它们深深刻入脑中并做到随取随用，就意味着掌握信息、知识、技能，以及掌握了变现的能力。

5　掌握框架思考

任何人都能变得优秀的方法

制作或收集的图表要保存到学习日志中。而后在工作之前，或者有时间的时候反复阅读，牢牢记在脑中。

像这样，不断制作图表并输入大脑，慢慢地脑中就会构建起数个整理事物、推导结论的思维框架。

例如，倾听他人讲述时，看起来毫无脉络的内容，只要在脑中描绘出理清思路用的框架，也能将许多碎片信息整理清楚。

其实，掌握框架思考也是本书的一个隐藏宗旨。

在脑中事先构建多个框架，此后无论发生什么情况都能纳入某个框架，并从中寻找解决问题的线索。如果能做到这一点，就能做到迅速且高质量的输出，创造出身为专业人士的价值。在咨询行业中，通常要求至少掌握 50 个与自己工作领域相关的框架。

另外，框架思考在学习中也能发挥作用。构建好学习的框架后，会提高学习新知识时追补的速度，也更易于迅速理解内容的本质。

自己将学习体系化并制作图表的过程,也正是在自身中构建框架、掌握框架思考的训练。

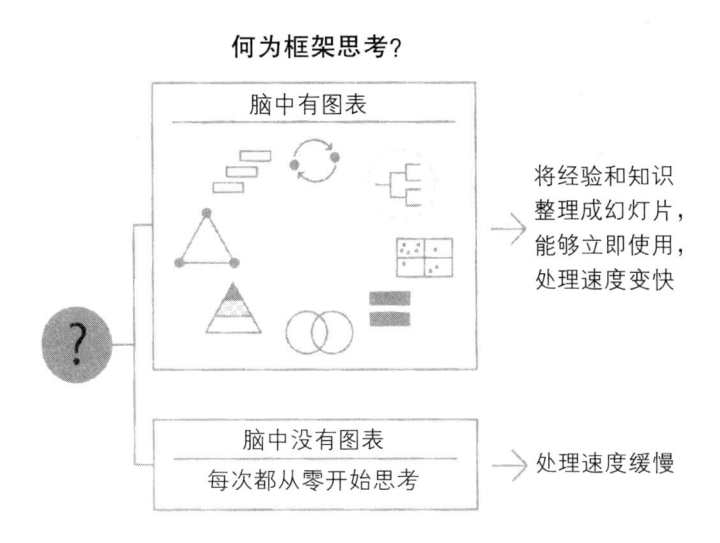

何为框架思考?

脑中有图表 → 将经验和知识整理成幻灯片,能够立即使用,处理速度变快

脑中没有图表 每次都从零开始思考 → 处理速度缓慢

6 成人学习的目标——本质的理解

一句话解释本质的理解

通过概念的理解掌握基础知识,经具体的理解大范围输入信息和经验,在体系的理解将知识按自己的方式体系化,而接下来的本质的理解是学习的最终阶段。

动员自己获得的所有的知识和经验，最终得出"也就是说，最重要的是这个"这样的话。这就是本质的理解。

每个领域的专家肯定都有从无数经验中提炼出学习内容本质的金玉之言。那不是单纯的口号，而是凝缩了其专业实力与工作哲学的一句话，具备打动人心的强大力量。本质的理解就是提炼出这句话的过程。

用言词或文章来体现本质也可以，但最直截了当的表现形式是因数分解。

"○○ + ○○ + ○○ = △△"
"○○ × ○○ = △△"

我尊敬的人推导出以下本质：

咨询 = 谋划能力 × 推动能力（HR institute 野口吉昭）
进步的法则 = 模仿能力 × 规划能力 × 说明能力（明治大学教授 斋藤孝）

我曾在学习演示方法时也推导出这样的本质：

演示 = 听众（谁）× 内容（什么事）× 传达（如何）

如此凝练的一句话最佳。集几十本书的内容、他人的建议、自己积累至今的实践经验之大成，推导出本质吧。

最后得出的本质与其他人相同也没问题，重要的是凭借自己的力量走到终点。有时，自己费尽心思找到的本质其实是平凡无奇的道理，倒不如说，大多数情况下本质都是看起来"这种事人尽皆知啊"这类的内容。但是，这也没关系。

例如，学习服务方面内容，在久经周折后推导出"待客之道＝关怀之心"这样的本质。而在大多数服务类相关书籍的最初几页便会出现类似的内容。

然而，即便使用相同的词句，有些人使用的是自己的语言，有些人则只是知道他人说过的话罢了，这两种人对同一句话的理解程度自然天差地别。

实际上，只读过书本的人若被问到"那么关怀是指什么""关怀为什么重要""怎样才能做到关怀"3个连续的问题，马上就会哑口无言。

在这一点上，通过学习推导出本质的人无论面对什么问题都能对答如流。这是因为，他们在推导出本质之前，已经积累了大量的知识。

图表与本质有何区别？

许多人或许认为，"我既不打算上电视，也不打算出书，没有必要推导出那样的一句话吧。"但是，在学习的最终阶段推导出本质，不仅是检验学到的知识是否真正化为自身血肉的试金石，在以下几方面也具有重要意义。

① 凭借自己的力量创造出工作的全新价值

只是知道某个知识、只做与他人相同的事情无法创造价值。但若能理解本质，就能轻松凭借自己的想法为之添加全新的附加价值。换句话说，能成为赚钱的专家。

② 作为专家，获得周围人的认可

用自己的话归纳出本质，一有机会就向他人输出，便能获得"这个人理解得很透彻"的评价。如此不断推销自己，最后就能让周围的人产生"想把工作交给这个人""想和这个人一起工作"的认知。

谈及本质时，常有人问："制作图表也有同样的优点吧？"因此这里讲一下图表与本质的区别。

一言以蔽之，图表相当于对"请说明××"这个问题的回答。本质则是对"简而言之，那个问题你怎么看"的回答。

例如，想要回答"想在××行业获得成功需要什么？"这个问题，就必须能够说明自己所考虑的行业势力图及其历史。此时能发挥威力的就是图表。而本质则以图表为基础，一针见血地指出"因此这点最重要"。

虽说本质只是简单明了的一句话，其核心却是从学习和经验中得来的庞大内容。优秀的图表用 3 分钟时间说明一个体系，而优秀的本质则能用一句话说明，且能持续讲述 2 个小时。

另外，这一阶段推导出的本质也要保存在学习日志中。除自己的成果外，如果遇到让自己感兴趣的、他人推导出的本质，也一同放进学习日志吧。了解自己所认为的本质与他人有何不同，也是学习的重要一环。

7　通过因数分解找出本质

统一词语的等级感

用因数分解来表现本质时，常常使用加法或乘法，有时也用表示分子分母关系的除法。其中最常用是乘法，或许是因为相乘之后结果会放大的印象，颇具魅力。而含有减号的减法或是 $\sqrt{}$ 等不够直观的等式则不太合适。

统一词语的等级感也很重要。等级感是咨询顾问常用的术语，意思是同等大小、同等规模、同等程度的感觉。例如：

$$学习能力 = 具体化能力 \times 本质化能力 \times 沟通能力$$

观察这个因数分解，大家是否觉得有点奇怪？这是因为词语的等级感存在差距。沟通能力无法与将事物具体化的能力、将事物本质化的能力并列，它应当是包含在将事物具体化的能力中的。因此才会有违和感。这就是等级感不统一的表现。

从某种程度上来说，等级感只是一种感觉，但通过不断将自己的学习体系化，学习者也能掌握这种感觉。如果觉得怎样都无法统一等级感，则说明脑中的知识尚未被整理。

当等级感真正得到统一时，就会产生押韵般的统一感。最终甚至能做到像"3C"一样完全吻合的公式。

警惕空话

咨询顾问常用的术语中有个词叫"空话"。如"进步""革新""改革"等，可以表示许多含义的单个词语，很多人经常会在不经意间使用。

使用这种词语马上就能完成因数分解。但是，随意使用这些空话后，推导出的本质常会成为过于肤浅的理解，有时甚至离本质更远。下面举一个例子：

$$经营 = 改革 \times 执行$$

这样进行因数分解后，就必须回答"那么，对你而言改革是指什么？"这样的问题。假如无法回答，那就只是肤浅的空话而已，无法理解本质。

此外，咨询顾问也经常使用"革新"这个词。但是，如果没有完全理解这个词语，当客户问道"但革新是指什么"时，就会无法回答，或是词不达意。这样的咨询顾问是不合格的。

本质自测

与制作图表相同，推导出本质后，也应自行检验本质的完成程度。要点在于以下3点：

① 能否留存在记忆中？
② 能否以本质为基础，整理、分析各种的现象并推导出结论？
③ 能否成为创造新事物、推进未能着手的复杂课题，以及工作时的指南？

特别是"能否留存在记忆中"这一点，可以与图表一样，将本质展现给他人。

如果他人也能够使用，就是有用的本质的证明。

8 体系的理解与本质的理解会产生学习的杠杆效应

学习存在复利效应

本书认为，利用因数分解归纳出本质是学习过程中的一个目标。到达这个水平，知识和技能已经能在商务实践中充分发挥作用了。

然而，常言道"人生即学习"，学习是没有终点的。特别是今后将度过人生百年时代的商务人士，确实需要学习很多知识。

并且，在现代社会中，花费精力掌握的技能和行业知识短短数年后便会变得陈旧。趋势发生改变，人们必须掌握新的知识和技能，因此，必须学习的课题接连不断地出现。掌握一种领域的知识并非终点，而是必须持续学习。

如果有人觉得"这样太辛苦了"而丧失了学习欲望，那么这里告诉大家一件好事，那就是学习存在复利效应。

学完某个知识再学下一个知识时，学习过程会比上一次更加顺利。行业或技能越接近，复利效应就越强。即使是毫不相干的领域，制作图表、推导本质等工作也是相同的，因此学习能力本身将不断强化、不断进步。

对于习得七门外语的人而言，习得第八门语言所花费的精力肯定比学第一门外语时更少。这是因为，当他习得外语时，同时也习得了学习语言的技能。

本书所介绍的技巧，如在体系的理解阶段制作图表、在本质的理解阶段推导本质，不仅学习技能，也是越使用会越锋利的学习利器。

掌握 A 行业的知识后,接着学习 B 行业的知识时,能够比此前更加迅速地掌握全貌,在自己的脑中整理、建立体系。即便只是一张图表的归纳方法,也能套用自己制作的模板,更加准确、高效地推进学习工作。

第六章

提高学习效率与效果的学习技巧

我的经验

1 用"速战速决"&"整体思考"来考虑学习计划

学习关键是速战速决

比起制订一份长期计划，用速战速决的方式学习更为有效。每天学习并持续一整年这样的学习方式，只有特别自律的人才能够做到。但如果只学 1 个星期、只学 1 个月，是不是就觉得很可行？

即便没有太大的学习欲望，但如果只学 2 个星期左右的话，就能够坚持下来。无论感觉多痛苦，"两个星期而已，忍一下就过去了"，但若要坚持 1 年，便会因厌烦而想要放弃，这是人之常情。

人类无法长期维持学习热情。无论职业规划多么明确，如果听到实现目标需要花费 10 年时间，学习热情还是会减退。

当然，有些课题也需要学习数年甚至是数十年的时间。对商务人士而言，管理能力、领导能力乃至行业知识等内容都需要长期学习，并且可能需要学习一辈子。

但是，学习这些课题时，先集中开展几个星期至 1 个月左右的短期学习更为明智。

学习存在学习曲线。如果以学习量为横轴，学习效果为纵轴，这条曲线并非持续平缓上升，而是不断重复"长时间缓慢低空飞行，过了某个点后突然间急速上升，之后又回到低空飞行，到某个点再次上升……"这个过程。这正是掌握基础后，吸收能力和理解能力一下子提高了的表现，无论学习哪个领域都适用。

如何更快抵达某个点，就是整体提高学习效率的关键所在。即便是需要一辈子学习的课题，最开始的数星期至数月的知识积累，也将给今后的人生带来巨大影响。

以整体思考制订计划

坚持就是胜利。

学习也不例外，最重要的是每天坚持学习。但是，关键在于每天学习，而非每天保证相同的学习时长。保证相同的学习时长，反而会导致效率低下。

假设我们制订了 1 个月（4 周）学习 60 小时的计划。这时，你会不会安排每天平均学习 2 个小时？这样的人应该是少数派。大多数人会将这样分配时间："工作日每天 1 小时，周末每天 5 小时"。对周末休息的商务人士而言，减少在忙碌的工作日中学习的时间，并用增加周末学习时间的方法保证整体学习时间，这种做法是能够理解的。

这种方法并不存在问题，但我们可以试着让时间分配更有弹性。比如工作日学习 12 分钟，周末学习 7 小时，或者每周三不加班，学习 3 个小时，其他工作日 1 小时，周六 10 小时，周日 30 分钟，还可以稍微极端一些工作日学习 30 秒，周六 5 小时，周日 10 小时，像这样弹性分配学习时间比较好。

总之，重点在于以整体思考来考虑学习时间，如用一个月或一周的期间总量来衡量学习时间，决不将时间平均分配到每一天。

前文提过，学习关键是速战速决。设定学习时间也是同样的道理。比起每天输入定量内容，找一天一口气集中输入更能有效推进学习。

说到底，每天花固定时间持续做某件事在短期间内也很痛苦。如果某天遇到急事，可能连 30 分钟都无法保证。将学习时间平均分配到每一天，经常会出现也许无法学习的日子。

每天学习固然重要，而一旦某天没有学习就会殃及后面的安排，这种计划难免不会成为学习失败的导火索。应该决定能保证学习时间的日子，在那一天集中学习，其他时日则维持最低程度的努力，这样更能提高学习的成功率。

2　与其每天 1 小时，不如每天 30 秒

尽可能降低难度

提到学习的时间管理，大家或许也想知道每天应该安排多少时间学习才是最合理的吧。

在写这本书时，我重新阅读了 10 本左右目前热门的学习方法的相关书籍作为参考，而在"每天至少学习 x 小时"的最低时限设置方面，最短时间是 30 秒，接着是 10 分钟，再长是 30 分钟，没有任何一本书推荐设置 1 小时的最低时限。

每本书中都会强调："在短时间内集中学习，并每天坚持下去"。这一点我完全赞同。每天的学习时间越短越好。每天保持长时间学习这样的事几乎不可能完成。

大家是否会觉得"30 秒也太少了吧"？

其实不然。不如说，一旦下定决心每天学习 1 个小时，反而会与自己的决心背道而驰，肯定做不到的消极想法会更早发挥作用。

并且，即使无法执行，也可以用"工作太忙""家务太多""实在没法推掉社交活动"等借口，为无法坚持每天学习 1 小时的自己开脱。这就相当于下定了不打算执行的决心。

而如果是 30 秒，就没有理由认为肯定做不到了。同时也难

以找到做不到的借口。这一点时间，伸个懒腰看看时钟也就过去了。从某种意义上来说，30 秒的时间设置是用于确保自己能真正学习的最后堡垒。

像这样，不给每天的学习设置不可能完成的时长，而是降低到几乎没有，也算是开始学习的必要切入点吧。

其实，我自己从来没有考虑过每天学习 × 小时，只是决定每天都要看书而已，无论多忙、多困，每天一定要打开书看一下。

这可以说是一种意念控制。降低每天的学习难度后，中途失败的可能性也会降低。这是成人学习中时间管理的第一步。

而且，如果决定至少学 30 秒，根本不可能真的只学 30 秒就结束。开始学习后，会迅速经过 3 分钟；当发现自己每天能够学习 3 分钟时，很快就能做到每天学习 10 分钟；自然也会有学到兴头上，结果超过了 1 小时的情况。

绝对不能设置错误的门槛。即便最终学习 1 个小时，门槛仍应设置为 30 秒。每天无论多忙、多困，也一定要学习 30 秒。这是能让自己每天坚持学习的正确时间管理。

另外，由于电子产品的技术发展，学习形态也发生了巨大的变化。利用后文中提到的在线视频网站和电子书等方法，也能做到短时间高效学习，建议终身学习者积极利用这些工具。

总之不要勉强，在降低难度的同时保持接触的频率，细水长流地学习吧。毕竟人生漫长，如今又进入了终身学习的时代，不必焦急。

3　随时处于学习环境

开始只是置身于学习环境中也可

最初学习时降低难度的方法也能运用在时间管理以外的方面。例如，刚开始学习某个领域的知识时，带着学不懂也是理所当然的态度，每天都坚持接触这方面的知识，并参加讲座。

我从服装制造商跳槽到咨询公司时，第一天就考虑辞职。我明白自己的无知，因此早就做好了一开始会有些无所适从的心理准备，但没想到自己几乎完全无法理解咨询公司使用的术语，比想象的情况要更加糟糕。

即便如此，我还是埋头苦读 MBA 入门书之类的读物，可英语的三字母词（如 CRM、SCM 等）实在是太多了，无论何人发言，我都处于"他在讲什么？"的状态，仿佛和外星人交谈一样完全无法听懂话题，不愿去上班的想法也愈发强烈。

但是，经过一周左右，我说服自己：

"只是待在那里已经很好了。"

无论面对何事，最初不明白、不会做都是理所当然的，因此开头两三天不愿接触的情绪会十分强烈，而如果在这时逃避，就无法跨越任何障碍。我彻底转变想法，决定"虽然无法理解，但我可以一直处于那个环境中"。

学习外语也是同样的道理，就算一开始听不清楚、听不懂，若坚持在外国人身边，就能逐渐习惯氛围，或是被他们同化。无论如何，这都是学习新事物的起点。

切勿因不懂、不会而逃避。总之先置身于学习环境中，只是身处于那个环境就很好，这样的想法非常重要。即便什么都做不到，只要坚持在场就会逐渐被同化，这是学习的第一步。

4　文件和资料全部无纸化

从少纸化到无纸化

我创业后贯彻的原则之一就是无纸化。不是少纸化（减少纸张用量），而是朝着完全无纸化（不用纸张）的方向努力。

我在咨询顾问时代养成了无纸化的习惯，不过，担任管理职务时仍有一张办公桌，可以放置文件和资料，不知不觉间纸张便越堆越多。

然而在创业后，由于事务所空间有限，无法放置过多的文件和资料；同时，因为去外地演讲和培训的机会增多，必须在旅途中赶稿的情况也增加了。

有人说:"只要有一台电脑,无论在什么地方都能工作,真好啊。"但其实并非如此。撰写稿件需要参考大量资料和文献,并不是数字游民①的工作方式。

如果不尽可能地将资料数据化就无法开展工作——我切身体会到这一点,并努力将纸质资料转化成电子数据,朝着完全无纸化的目标前进。

学习方面,如今在许多场合仍有必要阅读书籍以外的纸质资料。只要将它们全部数据化,就能随时随地学习了。

如果文件或纸质资料的页数较多,就扫描保存;如果只有一页纸,就用智能手机拍照,随后立即销毁实物。

除了工作的资料以外还有许多单页文件,现在即便是孩子的学校发来的通知资料,我也会用智能手机拍照保存。

尽管还无法做到彻底的无纸化,但我周围的环境已经变得整洁,重要的是整个人变得更加轻松,同时处理事务的速度也有所提升。如果有因庞大的书籍资料,以及越积越多的纸质资料而感到烦恼的人,不妨尝试将它们整理成电子文件。

自制电子书

出于工作性质,我每年都会购买 200 本以上的书籍作为参考资料。其中若有 kindle 版的书籍,我便选择购买电子书。

普通家庭中能存放的书籍数量有限,而有些资料虽然少有

---

① 指通过互联网移动办公并获得收入,不需要固定在同一个地方生活的人。——译者注

作用，偶尔却有必要参考，实在无法丢弃。

这时只要自行将书籍转换成电子书的形式，就能将数据保存在网络上，需要参考时再下载到设备中。仅需携带一个设备就能阅读所有参考文献，作为数字游民也十分方便。对于和我一样需要阅读无数资料的人来说，将书籍制作成电子书更为方便。

但是，自制电子书仅能个人使用。公开提供给他人阅读或售卖电子书是违反著作权法的行为，想要自制电子书的人，必须要牢记这一点。

5　善用优质视频网站

随时随地上课

积极运用线上的内容也是提升学习效率的方法之一。特别是近年来视频网站的内容非常充实，许多网站都能用于学习。下面为大家介绍几个学习网站。

・Udemy

这是全球规模最大的在线学习平台。

Udemy 的特点是任何人都能上传学习视频、成为讲师。该平台支持 11 个国家的语言，使用日语教学的讲座也有十分可观的数量。

用户可以免费观看一次讲座，第二次开始则需要付费。付费金额由上传者决定，收益的30%归属于Udemy。其中也有免费的讲座。

其实，在Udemy上也能找到我的讲座。原本讲座是在Benesse[①]网站上公开的讲座录像，后来Benesse与Udemy合作，便移交至Udemy平台。

Udemy上有国外著名讲师的讲座，有些还添加了日语配音。此前难以参加的国外热门讲座，现在只需花低廉的价格（几乎所有讲座的价格都不超过1万日元）就能观看，对有学习意愿的人来说颇具魅力。

平台上涵盖了各个方面的内容，从商务技能到编程、制作网页乃至家务等日常技巧，同时，每个视频都控制在10分钟以内（多数是2～3分钟左右），这也是它大受欢迎的秘诀。即便是十分忙碌、没有完整时间的人，也能利用碎片时间观看。

・School

School是让观众参加直播讲座的互动式线上学习视频服务。直播画面旁边有聊天页面，观众能自由地发表意见。讲师可以回答观众在聊天区提出的问题，或是在观察观众反应的同时推进教学。由于能够互动，这种直播教学很受欢迎。

其中八成的讲座都会录制保存下来，直播可以免费参加，

[①] 一家专注于函授教育和出版的日本公司。——译者注

录播版则必须注册并交费才能观看。

想参加讲座并提问的人观看直播，没有时间的人可以事后观看录播，所有人都能在自己适合的时间学习。

・Studyplus

Studyplus 是被称为"学习界 SNS"的手机软件。我注册会员时的总会员数是 50 万人，而今已经超过了 250 万人，是一个实现急速成长的社交网站。

这款软件的基本功能是记录每天的学习情况，同时可以和关注者分享自己的学习记录，得到对方的"赞"或是收到鼓励的评论。此外，还能获得关于学习方法、对方正在使用的教材、讲座等建议，可以互相交换意见，以学习为中心开展多方面的交流。

独自学习非常辛苦，而注册这个软件能邂逅许多志同道合的伙伴。与同伴交流能够提升自己的学习热情，激发进一步学习的欲望。

6　找到高质量学习会、研讨会的方法

用副标题判断研讨会内容

概念的理解、具体的理解阶段的学习以读书为主，但参加研讨会或演讲会也有很好的效果。与读书不同，直接听他人讲

述知识，常常能获得良好的启发。

但是，研讨会和演讲会比书籍的价格更高，因此需要有选择性地参加。

我挑选研讨会的关注点不在主标题，而在副标题。多数主标题往往只是一些套话，难以判断优劣。

而多数副标题则是浓缩了内容的具体说明。如果副标题能引起人的兴趣，其内容更加有用的可能性就越高。

参加学习会的正确方法

对职场人士而言，除听著名讲师或教授演讲外，参加爱好者举办的学习会也能获得很好的学习效果。不同行业的人聚集到一起、交换意见，不仅能增长知识，对精神层面也是良好的刺激。

学习会经常以这种形式展开：每次由某个人讲解某一主题，随后参会者就该主题进行讨论。此类型的学习会上偶尔会遇到两种人，一是轮到自己讲解时十分努力，但从不听其他人讲解；二是埋头敲打笔记本电脑，试图将会上的所有发言都记录下来，导致自己没有发言。这两种人都无法获得参加学习会的一半效果。

商务人士的学习更是如此，只依靠输入无法学会知识，当场输出自己的疑问或想法，才能获得更好的学习效果。

成人学习中，反馈、相互对话、评论他人的做法是最重要的学习手段。

能否从他人正在做的事情中获得启发，说出自己对此有何看法、指出那个人的优点所在等,最终会导致学习效果产生巨大差异。

并非只有著名教授或讲师能带来学习机会,即便是外行人士,以及自己周围的人,都能让自己获得启发。例如,他人正在做演示,像是"他这里讲得很好""这个思考方式可以借鉴"等,按自己的方式去思考并表达的姿态非常重要。

无法做到这一点的人则缺乏十分渴望吸收知识的态度,换句话说,无论学习对象是正面教材、反面例材,还是水平与自己旗鼓相当的人,他们都没有偷艺的想法。

此外,相比研讨会和演讲会,有关公司外部学习会的信息较少,因此分辨优质学习会极其困难。有一个方法十分有效,那就是先参加任意一个学习会,再向参会者询问其他学习会的信息。由于很多人同时参加多个学习会,或者参加过其他学习会的可能性很高,因此能获得第一手信息。

7 直接向专家请教的性价比很高

我一年能够出版 4 本书的理由

任何人都有非常忙碌的时候。特别是女性,会有结婚、生子、育儿等多个更加繁忙的阶段,这期间要在完成工作的同时持续学习，就要付出极大程度的努力。

人生阶段发生变化时，我切身体会到了这一点。当时从公司辞职，开始创业，也刚好同时期孩子参加小学入学考试，每天忙到焦头烂额。

那时我选择的学习方法是直接向专家请教。

比如书籍的写作方法。此前我已经出版过几本书籍，但创业后，我打算以此为契机正式撰写内容饱满的作品，想要重新学习写作方法。我想请他人直接教授，而非参加作家讲座。于是我活用人脉关系，与许多出版了多部作品的作者见面，并和他们直接交谈。

他们非常详细地教授各个方面的知识。采访方法、做笔记和管理笔记的方法、如何设置文章结构才能吸引读者的注意力……无论哪一条都是他们从大量经验中总结出的独门绝技，他们能够毫无保留、欣然相授，这实在让我感激不尽。

这些专家中，甚至有人一年写了10本书，几乎每个月出版一本。而当时，我两年时间不知能否写出一本，对此我感到十分震惊。不过，只要想做，10本也能够出版的事实从根本上击碎了我坚固的心理防线，之前我一直认为"太忙了，做不到""有孩子，所以做不到"。而后，由于我本来就容易燃起斗志，我在创业当年便出版了4本书。

假如没有与这方面的专家见面并当面请教，我可能不会产生这样的想法。而能够造成如此剧烈的化学变化，正说明直接向专家请教大有裨益。

用金钱购买时间和质量

其实，我在其他场合也实际感受到向专家请教的优点。为兼顾工作和家务，我想学习高效处理家务的方法，便请专业清洁人员进行一对一指导。

仅需要一种洗涤剂，几类工具，使用这个方法便能祛除污渍，按这个步骤做效率最高……这让我恍然大悟。

由于是请专家一对一指导，自然要支付相应的报酬。但通过教学，我再也不需要购买多余的洗涤剂和清扫工具，清除污迹的效果也极佳；因为每天都能高效地完成家务，也并不需要每年进行一次大扫除，性价比非常高。

社会上有各类专业人士。料理和化妆自不必说，甚至从种植家庭菜园到创业技巧等都有，任何领域都存在专家。

想要尽快掌握技能，或因太忙而希望高效学习的人可以考虑请专家直接教学。这样不仅能直接提出自己的疑问，还能接受面对面的悉心指导。

8　公司是最佳学习场所

公司职员阶段应该学习什么

或许也有人现阶段在公司工作，但将来打算创业。对于这部分读者，我也谈一谈创业后，也就是离开公司后察觉到的事。

那就是，在公司工作的经历让我受益匪浅。我能够继续现在的工作，正是因为在公司中学到了各式各样的事情。

在公司上班时，没有人会想到这一点，我也是如此。然而离开公司后，我切实体会到，在公司的工作教会了我许多东西。

由于咨询公司的工作性质，我有机会与许多企业高层人员会面并直接交谈。他们带给我的影响至今仍是我的重要财富。而且，正因为在公司工作，我才能拥有亲手推动几十亿日元大项目的经验。

包含公司安排的培训计划在内，我确实在公司中学习并掌握了许多知识。不只是我，每个人都从各自的职业中学到了某些东西。

同时，是否能意识到这一点决定了学习的总量。

近来，黑心企业、财务造假等企业的黑暗面遭到曝光，许多年轻人似乎对进入公司工作持有消极印象，或许也出于不愿被纳入社会的大齿轮中的心理。

我并不打算否定这种想法。然而，如果单纯将公司视为赚取生活费的地方，实在有些太浪费；而若认为每天直到下午6点都只能工作，下班后才是自己的学习时间，这种思考方式也会吃亏。

公司是能一边领取报酬，一边尝试各种事情的地方。如此性价比高的环境实在不可多得。即使受到糟糕上司的折磨，也能将他当作反面教材，以此为契机学习并思考良好沟通的方式，以及提升部下工作热情的方法。在黑心企业或财务造假的企业中，也能详细观察到导致经营危机的苗头，或者某些决不可采取的行动。假如打算将来辞职创业，无论处于何种环境都应该将公司当成学习的场所。

请回想一下，刚进入公司时，我们还是个一无所知的新职员，处于起点为零的状态。虽然不知道会在公司中工作多久，但如果不把零增加成一个正数，并且尽量在数值最大的时候离开，不是太亏了吗？这样一来，对公司的看法也会立刻转变。

既然在公司工作，就要尽可能吸收新的知识，学习新的事物，持有这种贪婪的学习欲望也未尝不是一件好事。

创业之前需要学习的知识

只是擅长某一项技能并不意味着能够成功创业。除了技能以外，还需要具备将自己推销出去的销售能力、品牌管理能力、发现商机的市场营销能力，等等。毕竟是以个人的身份去从事法人的工作，这也是理所当然的。

如此理所当然的事情，我却在离开公司后才发现。同时我也感到十分后悔，要是在公司的时候能多加学习这方面的知识就好了。

因此，针对将来打算创业的人，我的建议是：在磨砺能够成为自己武器的技能的同时，也要广泛学习经营管理的技能。在公司工作期间你可以无偿学到这些知识，这种机会绝不可错过。

还有一点，经常有人会说如果想要创业，就应该建立广泛的人脉关系。因为只要有人脉，创业后就不必烦恼工作的来源。

这种说法并没错，但是，我在创业后，一直尽可能从陌生人手中争取工作。由于工作性质，我认识许多企业的高层人士，但偶然也会想到："他们还会在那家企业工作多少年？"

假如彻底依赖他们，当他们离职后，难以保证工作不会一下子全部断绝。实际上我也经常能听到靠人脉关系获得工作的人一开始虽然十分顺利，后来却渐渐难以为继这样的事。

在这一方面，如果是熟人提出工作的委托，我便心怀感激地接受，但我并不会主动请求他们提供工作，而是致力于寻找新客户。听说在渔夫中也流传着这样一句话："授人以渔场不如授人以渔技"。因为渔场位置会随着海流变化等因素而改变，但只要学会钓鱼方法，无论在哪个渔场都能应对。

利用在公司中建立起的人脉关系等财富并不是坏事，但不能彻底依赖它,而是要竭尽全力争取新的商业机会——这是我在创业后获得的宝贵认知之一。

9　健康生活是学习的基础

削减睡眠时间无法提升学习质量

社会人士与学生在学习上的巨大差别之一就在于,必须设法安排用于学习的时间。由于工作关系,社会人士无法将所有资源都放在学习上,因此关键在于如何挤出时间。况且商务人士并非每天都有空闲,只能以"放弃什么"的角度来考虑时间分配。如果不放弃某些东西,就无法开始做新的事情。

接着便是"应该舍弃什么"的问题。放弃的东西因人而异,但最常见的是调整睡眠时间。不过从长远来看,减少睡眠时间用于学习其实有百害而无一利。假设减少1个小时的睡眠时间,一边揉着惺忪睡眼一边打开书本,也难以集中注意力学习。

同时还可能一整天都处于睡眠不足的状态,很可能导致本职工作的效率低下,最坏的情况则是会搞垮身体状况。

这里多说一句,据说喝酒会导致学习能力降低,这是因为酒精对人体有两种不良影响:难以集中精力,以及记忆力减退。如果想要学习,比起减少睡眠时间,戒酒的效果会更好。

在挤出学习时间的同时提高工作效率

在放弃某些事物这一点上，也可以考虑减少工作量。

当然，这并不意味着削减工作本身的价值。例如，可以自行决定"只花1个小时阅读邮件"等，针对自己的业务流程缩短时间，即独自开展工作方法改革。

如果只是一直花费时间处理邮件，很快就会浪费几个小时，而如果规定"只在早上用1个小时处理邮件"，就能增加处理其他工作的时间。

不只是处理邮件，只要缩短各个工作项目的耗时，不仅能挤出学习时间，还能改善平时的工作效率。

10 知识型·技能型的学习关键

知识型学习要点

学习业务知识和行业知识等知识型内容的关键在于不要迷失在庞大的信息量中。虽然在知识型学习的世界中量重于质，但如果没有事先建立处理信息的策略的话，反而可能被信息的海洋吞没。

重要的是尽快选取符合自己需求的内容，避免让自己淹没于信息的海洋中。因此，初期阶段便应制作出信息地图，把握整体，定下在最短距离内实现目标的路线。

另外，如果信息量太多，学习者在不知不觉中会过于在意输入。为避免发生这种情况，应始终时刻保持输出的意识，或是告诉他人，或是上传至博客等。输入太多对实践无益的知识，只能以成为学究告终。

技能型学习要点

演示、逻辑思考、领导能力、人际交往能力、核心技能。学习这些技能型内容最重要的是实践。只依靠读书的话，即便读一百本书也无法掌握这类技能。

与知识型学习相比，这些领域的信息地图也比较简单。首先阅读介绍必要理论知识的入门书籍，制作好简洁的信息地图后，剩下的便只有实践。

在通过实践输出之前，还必须做一件事，那就是仔细观察自己身边擅长那个技能的人。从高手身上偷师学艺，并将学到的知识书写、保存在学习日志里。如此一来，当自己实际运用该技能时，就能一边回想当时的情景一边操作。

此外，每次实践后务必获取他人的反馈。听取并收集上司、前辈乃至同事、后辈直言不讳的意见，这些才是技能型学习最好的教材。

11　注意学习的深度

学习深度取决于向什么学习

学习存在深度。这一点也关乎成人学习的成功。

请看 177 页的图，它展示的是学习深度。

我们学习时，首先读书并输入知识。换句话说，就像是用谷歌搜索关键词。

接下来是向他人请教的阶段。询问专家具体技巧、直接学习技能，进一步深化学习。这是处于探索的状态。

随后，利用学到的知识和技能开展实践、积累经验。这个阶段并不一定能顺利推进。学到的知识可能不符合现实情况，无法发挥作用。掌握的技能也可能还没有熟练，在挑战中惨遭失败。

但是，我们会分析失利的地方、找出需要改正的地方，并再次实践、确认判断。这个摸索的过程，才是真正能将学到的知识化为我们自身血肉的学习过程。

然而，现在却有许多人在搜索知识后便认为已经学会。

依靠搜索能得到的唯有肤浅的知识，而肤浅的知识完全无法转换成生产力，也无法与薪资挂钩。

学习到一定深度，就必须要付出大量的时间、金钱、劳力，但为了获得与众不同、专属于自己的武器，这是必要的投资。

请大家经常确认："自己现在到达哪个阶段？"还在搜索的

学习深度

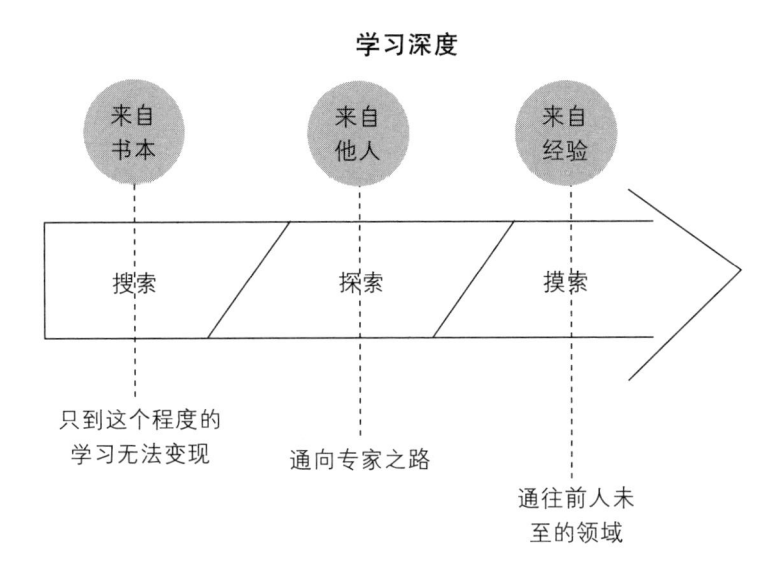

```
来自书本 → 搜索 : 只到这个程度的学习无法变现
来自他人 → 探索 : 通向专家之路
来自经验 → 摸索 : 通往前人未至的领域
```

阶段，或是到了探索的阶段？或是已经处于摸索的阶段，正在不断积累宝贵的经验？

即便达到了摸索的阶段，也能实际感受到人外有人、天外有天吧。应该怎样做才能像他们一样优秀呢？这又成了学习新知识的开端。

像这样，能够与学习相伴一生的人不存在界限，他们总是走在通往更高、更远的路上。

真正的专家就是这样的人。他们始终孜孜向学，永远期望向前更进一步。

但愿我们也能如此。

后　记

学习带来的快感

将从工作中获得的知识和经验整理成体系，越来越觉得接近本质的时候，就能够发现一件事：

　　学习真是太快乐了。

将碎片化的知识和经验相互连结、完美整合时，就能领悟"原来是这样"。而这一瞬间正是学习过程的最高潮，也是看到下一个领域的门扉的瞬间。

这个瞬间能给人带来无可取代的快感。而这种快感与其说是掌握了技能与知识、能够赚钱的成就感，倒不如说是获得了新发现与新理解、以自己的方式获得了一个真理这种充满智慧的满足感。

换句话说，学习行为本身便伴随着快感。

但是，这种快感只在体系的理解、本质的理解的过程中方能体会。就这点而言，若在概念的理解、具体的理解的阶段就结束学习，则有些可惜。

除了平时的工作以外，还应探求体系的理解、本质的理解，但这并非强迫自身完成强度更高的工作。正相反，它关乎提升自身工作的效率、价值、创造性，还关乎进一步调整工作与生活的平衡。

与我初次撰写本书时相比，如今孩子出生，我也离开公司创业，环境发生了巨大的变化。随着步入不同的人生阶段，需要学习的东西也不断增加。人生百年时代中，也无法窥见今后的学习的全貌，只希望能够提升学习能力，不断地愉快前行。

最后，在此由衷感谢东洋经济新报社的斋藤宏轨先生。斋藤先生极大程度地改变了我的命运，不仅在10年前给了我初次著书的机会，此次也促成了本书的修订版的付梓。另外，20年来一直教导我的前辈、上司、一同奋斗过的伙伴，提供机会让我培训、演讲、写作的各位，参加过我的讲座的听众、从事本书制作发行的工作人员、一直以不渝的爱情支持着我的家人，请允许我在此对各位表达由衷的感谢。

谨向读完本书的读者致以诚挚的谢意。如果本书能帮助大家度过美好的终生学习之旅，我将由衷感到喜悦。

请大家每日精进，在不断学习中获得快乐吧。

清水久三子

参考文献

《百岁人生 长寿时代的生活和工作》(琳达·格拉顿、安德鲁·斯科特 著)

《与机器赛跑》(埃里克·布林约尔松、安德鲁·麦卡菲 著)

《咨询顾问的"现场力"》(野口吉昭 著)

《"能者"究竟哪里不一样》(斋藤孝 著)

《活法 人最重要之物》(稻盛和夫 著)

《白洲正子"真正"的生活》(白洲正子等 著)

图片来源

【P63】

《谁买了特价卫生纸？揪出财务管理危机的凶手：日本大受欢迎的财经漫画教科书》（森冈宽 著、渡边治四 绘）

《史上最简单的财务报表课》（并木秀明 著）

《你的第一本簿记入门书》（滨田胜义 著）

《可以吃一辈子的经理工作术》（吉泽大 著）

《新现代会计入门（第二版）》（伊藤邦雄 著）

《全球精英所从事的会计新教科书》（吉成英纪 著）

《故事解读财务报表》（国贞克则 著）

《第一次也能看懂财务报表》（小宫一庆 著）

《会计事务所和公司经理都能熟练掌握云会计》（土井贵达、米津良治、河江健史 编著）

《哈佛商学院投资课》（中泽知宽 著）

《（新版）GLOBISMBA 金融》（日本 GLOBIS 商学院 编著）

《把财务当工具》（石野雄一 著）

《"盈利企业"的财务报表》（山根节 著）

【P64】

《能干的人绝对不会这样做资料》（清水久三子 著）

《PowerPoint 职场首选 1000 例：剪贴直接用，让简报图表动起来的范本大集合》（河合浩之 著）

《IBM 首席顾问最受欢迎的图表简报术：掌握 69 招可视化沟通技巧》（清水久三子 著）

《一定能通过！"资料"制作法（完全版）》（日经 business associe 编著）

《一看就懂！从 NG 到 OK！制霸职场的简报·资料表达术》（天野畅子 著）

《你就是干不过做 PPT 的》（下地宽也 著）

《快速 Excel》（美崎荣一郎 著）

《Excel 教科书》（吉田拳 著）

《外商投资银行必修超高速 Excel》（熊野整 著）

《世界 500 强内部演示制作方法与说服技巧》（前田镰利 著）

《漫画版！丰田式资料制作法》（稻垣公夫 著）

《Google 必修的图表简报术》（柯尔·诺瑟鲍姆·娜菲克 著）

《打动人心 全球大师的演说技巧》（佐佐木繁范 著）

《影响力（第三版）》（罗伯特·B.西奥迪尼 著）

《故事思维》（安妮特·西蒙斯 著）

【P69】

《GLOBISMBA 组织与人才管理》（日本 GLOBIS 商学院 编著）

《新任人事负责人需要了解的 7 个基本点与 8 个主要任务（入门篇）（第二版）》（劳务行政研究所 编著）

《打造强大企业的人事薪酬制度改革》（大津章敬 著）

《人事超级专家告诉你评估基准》（西尾太 著）

《目标设定表·业绩评估表 110》（日经连出版部 编著）

《人力资源管理》（高桥俊介 著）

《世界最强人事》（南和气 著）

《创造事业的人事》（纲岛邦夫 著）

《全球人才教育与质量保证》（大学改革支援·学位授予机构 编著）

《如何培养赚钱的"人财"》（山极毅 著）

《再也不需要人事评估》（松丘启司 著）

《DIAMOND 哈佛商业评论 人才培养》（2017 年 4 月号，Diamond 社）

《壮大企业的人才培养战略》（大久保幸夫 著）

《职业咨询实践：24 个咨询案例》（渡边三枝子 编著）

《周刊 DIAMOND 人事部 vs 劳基署》（2017 年 5 月 27 日号，Diamond 社）

《Works 登场! 人事工程师》（142 号，2017 年 6 月，Recruit Works 研究所）

© 民主与建设出版社，2021

图书在版编目（CIP）数据

学习变现 /（日）清水久三子著；罗凌琼译. -- 北京：民主与建设出版社，2021.2
ISBN 978-7-5139-3321-6

Ⅰ.①学… Ⅱ.①清…②罗… Ⅲ.①学习方法 Ⅳ.①G442

中国版本图书馆CIP数据核字(2020)第234250号

ICHIRYU NO MANABIKATA
by Kumiko Shimizu
Copyright ©2017 Kumiko Shimizu
All rights reserved.
Originally published in Japan by TOYO KEIZAI INC.
Chinese (in simplified character only) translation rights arranged with TOYO KEIZAI INC.,Japan through THE SAKAI AGENCY and BARDON-CHINESE MEDIA AGENCY.

本书中文简体版权归属银杏树下（北京）图书有限责任公司。

版权登记号：01-2020-7019

学习变现
XUEXI BIANXIAN

著　者	[日]清水久三子	译　者	罗凌琼
策划出版	银杏树下	出版统筹	吴兴元
责任编辑	王倩	特约编辑	李雪梅
营销推广	ONEBOOK	装帧制造	墨白空间·李国圣

出版发行　民主与建设出版社有限责任公司
电　　话　（010）59417747　59419778
社　　址　北京市海淀区西三环中路10号望海楼E座7层
邮　　编　100142
印　　刷　北京汇林印务有限公司
版　　次　2021年4月第1版
印　　次　2021年4月第1次印刷
开　　本　889毫米×1194毫米　1/32
印　　张　6.75
字　　数　117千字
书　　号　ISBN 978-7-5139-3321-6
定　　价　42.00元

注：如有印、装质量问题，请与出版社联系。